LA ROUE À LIVRES

Collection dirigée

par

Michel Casevitz

*Professeur émérite de grec
à l'université de Paris X*

François Hartog

*Directeur d'études à l'École
des Hautes Études en Sciences sociales*

John Scheid

*Professeur
au Collège de France*

LE POGGE

UN VIEUX
DOIT-IL SE MARIER ?

Baldung Grien, *Phyllis et Aristote*, 1503.

LE POGGE

UN VIEUX DOIT-IL SE MARIER ?

Traduit et commenté

par

VÉRONIQUE BRUEZ

2ᵉ tirage

PARIS

LES BELLES LETTRES

2004

*Tous droits de traduction, de reproduction et d'adaptation
réservés pour tous les pays.*

© 2004, Société d'édition Les Belles Lettres,
95, bd Raspail, 75006 Paris.
www.lesbelleslettres.com

Première édition 1998

ISBN : 2-251-33933-7
ISSN : 1150-4129

al mio caro conte

Le mariage ? Je l'approuve vraiment. Mais les femmes, pas vraiment.

Poggio Bracciolini, lettre, automne 1439.

Malgré cependant une si belle école qui a précédé mon adolescence, j'ai poursuivi à être dupe des femmes jusqu'à l'âge de soixante ans. Il y a douze ans que sans l'assistance de mon Génie tutélaire j'aurais épousé à Vienne une jeune étourdie qui m'avait rendu amoureux. Actuellement je me crois à l'abri de toutes les folies de cette espèce ; mais hélas ! j'en suis fâché.

Casanova, *Histoire de ma vie.*

Baldung Grien, *Aristote et Phyllis*, 1503.

Avant-propos

À la bibliothèque Querini-Stampalia, au mois de juillet, on ne peut que rêver ; les gondoliers qui passent sous les fenêtres, sur l'étroit canal, chantant à tue-tête, des airs... napolitains, pour la plus grande joie des touristes, égayent les hautes salles du palais et les lecteurs, tandis que des visiteurs se pressent au second étage pour admirer un des plus sublimes Bellini, la *Présentation de Jésus au temple* par une Vierge au teint aussi rose que les nénuphars du jardin, comme si elle s'était réveillée le matin...

Quelques lecteurs esseulés dans les salles du *piano nobile*, une foule au-dessus d'eux : on ne peut que regretter cette injuste répartition, car si, à Venise comme partout la peinture de la Renaissance s'offre à tous les engouements, il n'en est pas de même pour la littérature de cette période, trop peu connue. Force est d'admirer (au sens latin du terme) le destin de certains ouvrages, véritables succès à leur époque, aux oubliettes aujourd'hui. Pour les textes les plus anciens, certains facteurs naturels, tels qu'une inondation, un incendie ou encore un tremblement de terre, nous les ont perdus à jamais, tandis que d'autres n'ont pas été jugés dignes d'être transcrits pour les générations suivantes[1]. Le dialogue qu'on va lire fut écrit par un homme hors du commun, qui exhuma des bibliothèques européennes au cours d'une véritable chasse au trésor[2], des manuscrits qu'on croyait disparus. C'est à lui que nous devons de lire certains traités de Cicéron, des passages de Lucrèce, de Pétrone ou encore quelques-unes des comédies de Plaute. À leur tour ses livres reposent maintenant, lettres mortes, dans le noir des bibliothèques, totalement oubliés, si ce n'est des chercheurs.

Ce texte découvert par hasard n'a été édité que deux fois depuis le XVIe siècle et n'a jamais été entièrement traduit en français. Il invite à partir – quête ou enquête policière qui transforme tout rat de bibliothèque en Sherlock Holmes – sur les traces de son auteur lui-même grand chasseur de textes pour une aventure qui finit dans ces pages. Ce goût de la recherche de l'inconnu, de l'oublié, c'est à Pierre Laurens, professeur à la Sorbonne, que ses étudiants le doivent ; c'est à son séminaire que l'on comprend la nécessité d'explorer le continent de la littérature « néo-latine », qui n'attend que le relais de modernes pour renaître à son tour, et l'urgence qu'il y a de réveiller ce volcan heureusement déjà en ébullition, de révéler cet iceberg.

Le Pogge fut l'une des figures remarquables de son temps : homme rempli de contradictions, esprit libre[3] (Voltaire fut un de ses admirateurs) qui mit toute son énergie à rendre vie à ceux qu'il admirait parce qu'en eux s'accomplissait l'idée qu'il se faisait de l'humanité, pour les faire connaître non seulement à ses amis, qui formaient avec lui une petite république des lettres à l'heure de l'humanisme florentin, mais aussi à un plus grand nombre, même restreint – l'imprimerie venait d'être inventée. Ces hommes du *Quattrocento* se comparaient à des nains montés sur les épaules de géants, mais à l'aube du XXIe siècle, ils nous apparaissent, eux aussi, comme des géants. Voici donc une des plus curieuses « petites cailles » du grand Pogge.

V. B.

Hans Baldung Grien, *Le couple mal assorti, 1507.*

Introduction

Biographie

Johannes Franciscus Poggius de Bracciolinis, connu en Italie sous le nom de Poggio Bracciolini, traditionnellement appelé en France Le Pogge, ou, c'est le cas de Voltaire[1], Poggio, est né le 11 février 1380, cinquante-neuf ans après la mort de Dante, à Terranova (aujourd'hui Terranuova-Bracciolini) dans le territoire d'Arezzo, la patrie de Pétrarque, de soixante-seize ans son aîné. Son père Guccio, d'une famille toscane de souche ancienne, est un notaire ruiné et poursuivi par les créanciers. Vers sa dix-huitième année, Poggio se rend à Florence où il étudie le latin avec Jean de Ravenne, disciple et ami de Pétrarque, et peut-être le grec avec Chrysoloras[2]. Il devient aussi l'élève de l'humaniste Coluccio Salutati qui l'initie à la recherche et à la copie de manuscrits et qui le considère comme son fils ; Poggio avoue en effet dans une lettre, à la mort de son maître, qu'il pleure tout en écrivant : « Nous avons perdu un père, un refuge, la lumière de notre nation. » Il se lie alors avec deux autres élèves de Coluccio Salutati : Leonardo Bruni et Niccolò Niccoli. Cosme de Médicis le prend aussi sous sa protection. En décembre 1403, il entre, grâce à son maître, au service de Landolfo Maramaldo, cardinal de Bari et reçoit peu après du pape Boniface IX la charge de secrétaire apostolique, qu'il conservera sous les sept papes suivants[3]. Cette période de sa jeunesse est mal connue, seule une lettre de Salutati (17 décembre 1405) nous apprend qu'il écrit bien, mais se montre trop hardi, éreintant souvent des personnages puissants (il prend pour modèle littéraire les *Philippiques*), et qu'il soutient les Anciens contre les Modernes. Ces années de formation resteront présentes à son esprit toute sa vie.

À la cour papale, il est chargé de rédiger des brefs ou d'autres actes[4], et, à le croire, cet emploi était mal rétribué ; dans son Dialogue *Sur l'Avarice,* il fait dire à Antonio Loschi son collègue : « Je crains que nous ne soyons obligés de devenir cupides, à cause de la maigreur de notre salaire, qui nous permet à peine de soutenir la dignité de notre charge[5]. » Ce qui ne l'empêcha pas de rester à la Curie durant cinquante et un ans. Il faut donc supposer que sa position devait comporter quelque avantage, et surtout celui d'offrir un poste d'observation de tout premier ordre. Ses biographes s'attachent à montrer pourquoi il resta si longtemps dans cette brillante servitude ; il était sans doute trop sage pour avoir de l'ambition et, s'il ne voulut pas s'élever, c'est peut-être parce qu'il choisit très tôt entre une carrière de courtisan et sa vocation d'homme de lettres, entre la sujétion et la liberté[6]. De fait, il a des loisirs, et jouit d'une retraite propice à l'étude en ces temps agités (*tempora mala sunt, et periculis plena*, note-t-il dans une lettre). Il avoue dans une autre qu'il écrit « d'autant plus volontiers que cela [lui] permet de fuir facilement les soucis à un âge fragile et incertain. L'exercice de l'écriture contribue beaucoup à [lui] faire supporter les injustices de [son] temps[7] ». Certes la vie à la curie, entre 1403 et 1417, est particulièrement houleuse, et les détails des différentes querelles pontificales rempliraient à eux seuls tout un volume. Rappelons que le Grand Schisme avait commencé deux ans avant la naissance de Poggio, alors que les cardinaux français s'étaient retirés à Fondi pour proclamer pape Clément VII qui partit à Avignon, et protester contre l'élection d'Urbain VI. C'était l'époque où les batailles théologiques se faisaient en armes, où les troupes des factions adverses menaçaient sans cesse la sécurité des villes, où les anti-papes concurrençaient les papes : le concile de Pise, en 1409, en élut un troisième, Alexandre V, contre les deux autres déjà en place, Grégoire XII et Benoît XIII.

Bientôt, Sigismond de Luxembourg, que Jean XXIII rencontra à Lodi, exigea la convocation du concile de Constance, où, en octobre 1414, la cour papale arriva en grand équipage[8]. Poggio, promu entre-temps secrétaire particulier, faisait partie de cette suite. C'est le début d'une glorieuse période de sa vie, dont témoignent des lettres admirables, qui circulèrent dans toute l'Italie, avant d'être imprimées et imitées. Le concile se proposait de résoudre trois problèmes : faire cesser le schisme

XX   UN VIEUX DOIT-IL SE MARIER ?

et rétablir la paix de l'Église, réformer certains abus *in capite et in membris* et combattre les hérétiques. Mais Jean XXIII, se sentant menacé, fuit bientôt la ville, déguisé en postillon : à Fribourg où il s'est réfugié, il apprend sa déposition, est arrêté et enfermé. Le siège pontifical vacant, Poggio met à profit son loisir pour prendre des leçons d'hébreu, incité par Niccoli, chez un rabbin converti au christianisme, et surtout pour faire quelques « excursions ».

D'abord aux bains de Bade (en Suisse), où il trouve le modèle d'une culture raffinée qu'il « avale à petites gorgées » comme on savoure des baisers ; le 18 mai 1416, il en fait à Niccoli la description, pittoresque, pleine de légèreté et d'humour, véritable manifeste épicurien symbolisant en quelque sorte la résurrection de la civilisation antique[9]. Ce ton enjoué – il raconte à son correspondant, pour lui faire partager son plaisir, comment il batifole parmi des jeunes filles[10] « belles comme des déesses » venues prendre les eaux, très propices à la... fécondité, parées comme pour une noce, et combien il admire cette population ayant pour devise « seul a vécu celui qui a bien vécu » – contraste avec celui de la lettre qu'il composera quelques jours plus tard à Leonardo Bruni[11] sur le procès de Jérôme de Prague, venu au concile afin de soutenir l'orthodoxie de sa doctrine, emprisonné et finalement brûlé comme hérétique. Poggio relate, avec des accents stoïciens, la condamnation à laquelle il a assisté et témoigne de son admiration pour l'éloquence et la sérénité de ce disciple de Jean Hus, le réformateur tchèque[12]. Leonardo, alarmé par la liberté de ton de son compagnon, lui répond aussitôt :

« Je dois t'engager à t'exprimer, à l'avenir, avec plus de circonspection sur de semblables matières.[13] »

Peu après commence la « chasse aux manuscrits ». En visitant les abbayes de Saint-Gall, de Fulda, de Langres, de Cluny, de Murbach entre 1415 et 1417, Poggio procède à de véritables exhumations, ressuscite des textes qui n'ont pas été lus depuis des siècles ; ces découvertes capitales font de lui un héros parmi ses contemporains, un chevalier revenu victorieux de sa croisade contre l'oubli et l'incurie des hommes, les dégradations du temps. La correspondance de cette époque déborde d'un enthousiasme que nous, lecteurs modernes, pour qui le livre est devenu un objet banal et d'accès aisé, pouvons à peine nous figurer. On racontait que Niccoli s'était ruiné pour enrichir sa bibliothèque, léguée à sa mort au public, composée de huit cents volumes presques tous recopiés, corrigés et parfois collationnés de sa propre main. On disait aussi que Guarino espérait rapporter en Italie deux caisses de livres qu'il avait recueillis durant son séjour à Constantinople ; que le navire qui le transportait fit naufrage et que ses cheveux blanchirent en une nuit à cause du chagrin causé par une telle perte[14] !

Poggio adopte dans ses recherches une méthode nouvelle et fait preuve de plus en plus de rigueur, alors même que la philologie, cette science nouvelle, était inaugurée par Lorenzo Valla[15]. Il développe, dans ses copies (identifiables par l'inscription de sa *manus bellissima*, « *Poggius scripsit* »[16]), l'« écriture humanistique » qui s'inspire de la minuscule caroline, plus lisible que le caractère gothique et que la majuscule romaine des lapidaires ; écriture qui est presque la nôtre aujourd'hui, d'ailleurs à l'origine du corps « italique ». La clarté et l'élégance de sa calligraphie annoncent une nouvelle époque, celle d'un savoir visuel, d'une lecture silencieuse et solitaire, d'une connaissance qui passe par la « représentation » et destinée à une plus large diffusion.

Seul ou accompagné de ses amis – Cincio Rustici ou Bartholomeo de Montepulciano –, soutenu financièrement par quelques protecteurs, Poggio, bravant les mauvaises routes, les intempéries et la fatigue des longs voyages, vit l'aventure d'une véritable chasse au trésor. Il « arrache des monuments de la littérature aux ténèbres pour les rendre à la lumière »[17], et les « ramène non seulement d'exil, mais aussi quasiment de la destruction pour les conduire dans la patrie de leurs ancêtres »[18]. Dans le vieux donjon de l'abbaye de Saint-Gall, « prison barbare » – le mythe de la ténébreuse sauvagerie médiévale était né – durant l'été 1416 et en 1417, alors qu'il est de loisir, il trouve le manuscrit de l'*Institution oratoire* : « Nous avons découvert un Quintilien[19] jusqu'ici sauf et en bon état, mais plein de moisissure et tout couvert de poussière. Ce livre, en effet, n'était pas dans la bibliothèque comme le commandait son prestige, mais dans une sorte de cachot tout à fait repoussant et obscur, au fond de l'unique tour, où l'on n'aurait même pas jeté des condamnés à mort. [...] Je l'ai recopié de ma main, et ce rapidement, pour l'envoyer à Leonardo Aretino et à Niccoli, qui, lorsqu'ils eurent su la trouvaille de ce trésor, m'engagèrent dans leurs lettres avec force arguments à leur envoyer le plus tôt possible ce Quintilien[20]. » Il découvrit également à Saint-Gall le *De Architectura* de Vitruve, des traités de Lactance ou encore les *Argonautiques* de V. Flaccus. Il rapportera aussi « dans le Latium, après un long exil » une copie de Columelle, un manuscrit de Tertullien, un Frontin (trouvé au Mont-Cassin en 1429 en même temps que huit livres sur les mathématiques de Firmicus Maternus), un Ammien Marcellin, un manuscrit de l'astronome Manilius et un fragment de Lucrèce, de Murbach. Sa correspondance nous apprend par ailleurs qu'en 1417, il est en possession de huit traités de Cicéron inconnus jusque-là et d'un manuscrit de Stace. Il est alors en relation avec Nicolas de Cues qui recherche des textes pour le cardinal Orsini et trouve douze nouvelles pièces de Plaute (quatre seulement étaient connues auparavant). C'est à Poggio que nous devons aussi de lire tous les fragments qui subsistent du *Satiricon* : il découvrit la *Cena Trimalcionis* à Cologne, alors qu'il remontait le Rhin pour rentrer à Florence, et des *excerpta uulgaria* en Angleterre. Depuis, aucune découverte n'est venue compléter les lacunes de ce texte. Le premier, il situa Pétrone sous le règne de Néron.

À cette entreprise de sauvetage participent de loin les correspondants de Poggio, *restitutor antiquitatis*, chercheur infatigable, scribe zélé et perspicace. La découverte des manuscrits est le plus illustre moment de sa vie : se dessine alors la conscience d'appartenir à une société nouvelle, celle des humanistes, des hommes libres nourris d'Antiquité qui font leur la formule du Pseudo-Hermès : « L'homme est une grande merveille », des savants qui s'opposent aux faux savants, celle des amitiés ferventes et généreuses qui apparaissent comme l'envers des ordres monastiques. Cette société est avant tout une famille amicale, mais aussi spirituelle. Leonardo Bruni, le destinataire de l'*Institution oratoire* de Quintilien recopié par Poggio lui écrit : « Comme Camille[21] fut appelé le second fondateur de Rome après Romulus parce qu'il l'avait rebâtie et restaurée après sa chute, tu seras à bon droit considéré comme le nouvel auteur de tous ces écrits qui jusqu'ici étaient perdus et nous sont restitués grâce à ton courage et à ta diligence. [...] Ô trésor considérable ! Ô joie inespérée ! Te verrai-je ô Marcus Fabius, complet et intact ? [...] Je t'en conjure, Poggio, réalise mon désir rapidement [...] afin que je puisse le voir avant ma mort[22]. » Francesco Barbaro, quant à lui, use d'une autre comparaison : « J'espère, comme les cerises ont été appelées "Luculliennes", les jujubes "Papiniennes", après que le premier les a rapportées du Pont, ayant vaincu Mithridate, le second de Syrie en Italie, comme les pommes furent appelées "Appiennes" après Appius, de la *gens Claudia*, et les poires "Manliennes" après Manlius, ces morceaux de littérature que votre soin et vos efforts ont rapportés de Germanie en Italie, seront appelées un jour "Poggiennes" et "Montepolitiennes". »[23] On retrouvera quelques décennies plus tard le même enthousiasme chez Alde Manuce.

Le concile congédié en avril 1418, Poggio, qui a perdu l'appui du cardinal Zabarella mort entre-temps, se met en route pour Rome avec Martin V, le nouveau pape, en passant par Paris et d'abord Mantoue. Il quitte cette ville précipitamment, peut-être par crainte d'éventuelles persécutions dues à ses prises de position hardies lors du procès de Jérôme de Prague et contre certains cardinaux. Alors il n'est plus certain que la protection papale lui servira de blanc-seing ; il sait qu'il est allé trop loin, que l'Inquisition condamnait à moins. À Constance, il avait rencontré le cardinal de Beaufort, évêque de Winchester, qui l'avait invité en Angleterre. Il profite de cette occasion pour se faire oublier quelque temps. Ce voyage sera pour Poggio une grande déception[24] : il a l'impression de vivre en exil, pauvre, dans une contrée « barbare[25] », et son chagrin augmente tandis qu'il apprend que ses amis, en Italie, découvrent de nouveaux manuscrits[26].

Il répond finalement, en 1422, à l'appel du cardinal de Saint-Eusèbe pour reprendre ses anciennes fonctions auprès du pape. À partir de cette date, la cour s'installe à Rome dans une relative tranquillité, jusqu'en 1430, où la peste ravage la Ville déjà ruinée. C'est alors que Poggio compose le dialogue *Sur l'Avarice* (*De Auaritia*, 1429) dans lequel il fustige le clergé et surtout les moines franciscains. Il commence aussi le *De Varietate Fortunae* (1431), une méditation sur les aléas de la Fortune[27], entreprise lors de ses promenades dans les ruines romaines, qu'il avait l'habitude de faire visiter à des personnalités étrangères. Le premier livre s'ouvre sur une description des monuments d'où se dégage une impression délétère : Poggio est avec Loschi, et compare la Ville à un gigantesque cadavre pourrissant (réflexion sur la mort des hommes et des civilisations, qui se trouve déjà chez Lucrèce ou Sénèque et inspira les auteurs chrétiens). Poggio, dans ce livre, ouvre aussi l'ère de l'archéologie et de l'épigraphie : à l'époque où les troupeaux paissent encore sur le Forum, il assiste aux fouilles, répertorie les monuments, ou déchiffre les inscriptions, en véritable « antiquaire ». Ces méditations mélancoliques, et ce souci inquiet de sauvegarder le passé, monumental ou littéraire, ce combat fervent contre l'oubli sont pourtant inséparables de la pétulance de ce personnage, de sa gaieté lumineuse.

En 1431, le siège de Rome par les Colonna oblige le nouveau pape, Eugène IV, à fuir la ville déguisé... en moine ! Les serviteurs se dispersent, certains seront troussés par des pirates corses ; Poggio, lui, est fait prisonnier par les soldats de Piccinino, mercenaire au service du duc de Milan, qui exige une rançon, mésaventure qui prouve sa célébrité, sinon son importance. Il assiste au concile de Ferrare, prolongation de celui de Bâle et qui aboutira à l'éphémère réunion des Églises grecque et latine, bientôt tranporté à Florence (en 1438-1439) à cause de la peste[28]. Il séjourne alors par intermittences dans la maison qu'il a achetée dans le Val d'Arno, afin d'échapper aux préoccupations citadines. Il en fait sa « petite académie » en référence à l'*Hortulus,* symbole d'un idéal de vie champêtre, que Cicéron décrit dans ses lettres à Atticus, recopiées par Poggio pour Cosme de Médicis[29]. Il y écrit un *De Laude rei rusticae*[30], et confesse alors à un ami : « Il n'y a rien de plus agréable et de plus doux, cher Francesco, rien de plus digne d'un honnête homme cultivé que d'être dans sa terre natale, chez soi, parmi les livres, et de s'entretenir avec ceux qui nous ont laissé des écrits et des préceptes qui peuvent nous former à la vertu. Là, il n'y a pas de passions, pas de vices, nul danger. Tout y porte à l'indifférence pour les biens périssables, et à ne penser qu'aux éternels[31]. » Son premier soin fut d'ailleurs d'organiser sa bibliothèque[32].

Il se marie en 1436 à Florence avec une beauté de dix-huit ans (il en a cinquante-cinq), riche et noble, et publie, sans doute la même année, son dialogue, *Un Vieux doit-il se marier ?*, dédié à Cosme. En 1440, suivent le *De Nobilitate* écrit dans le sillon des *Tusculanes*, et le *De Infelicitate principum*, dédié à Nicolas V élu pape en 1447 ; généreux, et lettré[33], celui-ci le réconcilie avec la Fortune en en faisant son ami. Poggio rappelle alors dans son discours de félicitation ses bons et loyaux services et annonce qu'il est temps pour lui de se retirer : « Je suis désormais un vétéran à la curie, car cela fera quarante ans que j'y suis attaché, moi qui ne fus pas tout à fait étranger à la vertu et aux études humanistes. Désormais, je dois me consacrer, à la manière des vieux soldats qui recevaient une colonie après de longs services, au repos du corps et aux travaux de l'esprit. Et si ce n'est pas votre bienveillance qui m'assiste, je ne vois pas à qui je dois demander une plus grande faveur et un plus grand secours[34]. » Mais son activité littéraire ne cesse pas, au contraire : il compose le *Contra Hypocritas* (1447-1448), véritable mine d'anecdotes anticléricales[35], comme du reste on en trouve dans presque toutes ses œuvres. « Hardiesse étonnante dans un secrétaire de la papauté », se plaît à souligner Nisard[36]. De fait, personne ne se faisait d'illusion sur les mœurs du clergé, qu'il ridiculisa à maintes

XXVIII UN VIEUX DOIT-IL SE MARIER ?

reprises dans ses *Facéties*. Aussi sa lettre de juillet 1432 au cardinal de Saint-Ange résume-t-elle la pensée de toute une vie : « Je ne veux pas être prêtre, je ne veux pas de bénéfices. Car j'en ai vu beaucoup, que je tenais pour des hommes de bien, qui, après leur ordination, sont devenus très libres, avares, ne s'adonnant pas du tout à la vertu, mais à la paresse, à la mollesse, au plaisir. Dans la crainte que cela ne m'arrive à moi aussi, j'ai décidé de passer le reste de mon pèlerinage sur la terre – quelle que soit sa longueur – éloigné de votre ordre. Je remarque en effet que la tonsure de la prêtrise ne rase pas seulement les cheveux, mais aussi la conscience et la vertu[37]. »

Ce qui caractérise aussi Poggio, c'est avant tout cet esprit de polémiste, prompt à s'enflammer : ses biographes racontent qu'un jour, dans le théâtre de Pompée où les secrétaires du pape s'étaient rassemblés, il fit quelques remarques à Georges de Trébizonde, sur son style ; cela dégénéra bientôt en pugilat. Poggio quittera Rome en pleins démêlés de *vendetta* littéraire avec Lorenzo Valla[38], qui avait, selon lui, annoté une de ses lettres en soulignant les barbarismes. Valla répondit par son *Antidotum in Poggium*, où entres autres insultes, il lui reproche sa licence, sa gloutonnerie : sa mauvaise réputation était déjà donc un mythe... Son caractère irascible, frondeur, explique ainsi sa prédilection pour le genre de l'invective : il en écrira une contre Félix V, trois contre Francesco Filelfo[39], et cinq contre Valla. Il avait inauguré la série en 1426 avec l'*Invectio in delatores,* dont le ton s'inspirait des écrits de Grégoire de Naziance contre Julien l'Apostat. Coups de plume, coups d'épée. C'est un homme aussi fervent dans ses amitiés que bouillant dans ses inimitiés : il se brouilla avec son cher Guarino de Vérone parce que celui-ci préférait César à Scipion ! Durant un séjour à Terranova, il compose l'*Historia tripartita disceptatiua conuiualis* ou *Propos de table contradictoires* (1450), trois dialogues qu'il eut avec ses amis Accolti, Marsuppini, et Nicolas de Foligno, dédiés au cardinal Prosper Colonna, et surtout les *Facéties*, son « best-seller[40] » commencé à partir de 1438 et remanié, après la disparition de son manuscrit, jusqu'en 1452 : brèves histoires, bons mots rapportés, anecdotes amusantes, grivoises voire scatologiques issues de conversations amicales et retranscrites à la diable.

Il quitte définitivement la curie et ses collègues en 1453 (et avec regret) car il vient d'être élu, grâce à la protection des Médicis, chancelier de Florence. Deux ans plus tard, il est fait Prieur des Arts, c'est-à-dire officier chargé de veiller au maintien... des bonnes mœurs (l'auteur des *Facéties* si lestes pouvait-il rêver emploi plus plaisant ?). Il passe tranquillement le reste de sa vie, à écrire : un *Dialogue sur la misère de la condition humaine* (*De Miseria humanae conditionis*, 1455), une traduction de l'*Âne* de Lucien, de la *Cyropédie* de Xénophon, après celle de la *Bibliothèque Historique*[41] de Diodore de Sicile. Il commence aussi son *Historiae populi Florentini*, l'histoire de Florence de 1350 à 1455. Il meurt à l'âge de soixante-dix-neuf ans, le 30 octobre 1459, laissant beaucoup d'enfants, légitimes ou non, mais aucun pour conserver sa mémoire, comme il l'espérait. L'un deux, Giacomo, nommé par les Médicis

XXX UN VIEUX DOIT-IL SE MARIER ?

secrétaire de la République, fut tristement célèbre pour avoir pris part à la conjuration des Pazzi[42].

Poggio fut donc un véritable « amant des lettres », des *litterae humaniores,* « qui libèrent les hommes et les rendent éternels » comme le dira Pic de la Mirandole, animé d'une passion pour l'Antiquité dont nous ne faisons que soupçonner l'ardeur. Il faut imaginer ce citoyen du monde sur les mauvais chemins, sacrifiant tout pour satisfaire son insatiable curiosité, cet intellectuel qui croyait au diable, cet « adorateur des livres » avide de connaissances, mais préférant la pratique aux nébuleuses théories[43], et « plutôt moins savoir et aimer davantage » (selon l'expression d'Érasme), le Créateur et ses créatures. Les lettres de louanges exaltées de ses amis lui font un triomphe, elles nous montrent aussi la familiarité constante des humanistes avec l'Antiquité (Pétrarque n'avait-il pas écrit à Cicéron ?), non seulement ressuscitée mais rendue vivante par la passion de cette poignée d'hommes enfiévrés de savoir, et le désir de bâtir un nouveau monde. Un monde où les honneurs seraient rendus aux hommes de bien : à cet égard, une lettre de Barbaro est d'une touchante naïveté, car Poggio ne reçut jamais le moindre tribut officiel[44], et ne fut jamais salué que par ses proches. Nous lisons pourtant Lucrèce ou Pétrone grâce à cet... homme d'Église[45] qui ne fut d'aucune chapelle ! Cet épicurien revêtu de la charge d'officier des bonnes mœurs après une vie dissipée et dont les œuvres ont fait parfois reculer « la plume du traducteur, épouvantée[46] », ce philosophe se divertissant par des histoires coquines, cet ami des papes brocardant le clergé avec une audace inouïe et

INTRODUCTION XXXI

se risquant à défendre un « hérétique » par amour de la justice, incarne à merveille « l'homme de la Renaissance ». La postérité, peut-être pour satisfaire son goût du paradoxe et cette « ironie de la fortune » à laquelle il consacra un traité, lui a élévé une statue qui figure aujourd'hui dans le groupe des douze Apôtres au Campanile de Florence.

Présentation

Ce petit texte ne figure ni dans l'édition des œuvres complètes de 1513 publiées à Strasbourg, ni dans celle de Bâle en 1538. Il fut découvert par un professeur anglais, Shepherd, qui écrivit une vie de Poggio, et édité une première fois en 1805, puis en 1807 à Liverpool : *Poggii Bracciolini Florentini Dialogus an seni sit uxor ducenda, circa an. 1435 conscriptus, nunc primum typis mandatus.* Cette plaquette de trente pages folio in-8° comporte le texte latin sans traduction ainsi qu'une préface en latin. Shepherd dit l'avoir découvert dans un manuscrit de la Bibliothèque nationale à Paris et explique qu'il a lui-même corrigé le texte en certains endroits : « *Eo monente, uitia nonnulla, de quibus non dubitandum esset, quin scribae incuria irrepsissent tacitus sanaui. Unum etiam locum in quo Poggii sententiae uerba incompta et plane insulsa tenebras offundere uidebantur, ad normam Latini sermonis redigere ausus sum (...) locis perplurimis quae in editione Basiliensi operum Poggii, miserrime depreuata leguntur, medicam manum admouere potui.* »

XXXII   UN VIEUX DOIT-IL SE MARIER ?

En 1823, il donna une seconde édition revue et corrigée sur un manuscrit de la bibliothèque Laurentienne « *ad meliorem lectionem redactus* ». Cette version comporte pour la première fois la dédicace de Poggio et quelques corrections en italique : « *Cum uero in Laurentiano codice quandoque occurrant optimae uariae lectiones et additiones non respuendae, eas in textum (uti praesertim Epistolam Poggii Florentini Magnifico Cosmo de Medicis, in cod. Paris forte deficientem) admittere non dubitaui.* »
C'est le texte de la première édition qu'a suivi Alcide Bonneau dans sa traduction française publiée à Paris en 1877 chez I. Liseux, également éditeur des *Facéties* : le texte, d'ailleurs fautif en plusieurs endroits, ne comporte pas la dédicace à Cosme de Médicis.

Il existe plusieurs manuscrits de ce dialogue, souvent répertorié comme « lettre », en Italie : à la Vaticane, Vat. Reg. lat. 1555 f° 198-203v, et Vat. Ottob. lat. 1353 f° 310-324, inc. *Disputatiunculum Dudum*. À Vérone, Bibl. cap. CCXLI f° 97 « *Poggius, an seni sit uxor ducenda* », inc. *Cum Viri doctissimi mihique*[47] ; ce manuscrit comporte la dédicace. À Florence, à la bibliothèque Laurentienne, Plut. 47, 19, et Plut. 90, sup., 31, ainsi que Plut. 54, 10. À la Bibliothèque nationale, Magl. XXXIX, 86. Celui de Berlin (Stadtsbibl. lat. fol. 319, f° 205-209), malgré l'incipit erroné « *Disputatum clam dudum* » est recensé comme *Epistola an ducenda sit uxor*[48]. Une bibliothèque de l'Illinois en possède une copie : « *Poggius epistula ad Cosimum de Medicis*[49] », incipit : *Disputaticunculam dudum inter doctissimos nostros*. En France, on peut en trouver un à la bibliothèque municipale d'Arras : 1145 (1098), f°31-40v.

Un Vieux doit-il se marier ? fut écrit tardivement par Poggio, probablement au printemps 1436[50], après son mariage, qui eut lieu au début de la même année avec la jeune Vaggia de Buondelmonti[51], qui appartenait à l'une des grandes familles florentines. L'argument naquit probablement non, comme il le dit lui-même, d'une conversation avec des amis, qui depuis longtemps dans leurs lettres l'enjoignaient à mettre fin à un concubinage scandaleux ou le taquinaient sur ses positions de réfractaire au mariage, mais d'une lettre que Gasparino Barzizza lui avait envoyée, avant 1431, pour le féliciter de sa guérison de la peste ; cette lettre[52] est en fait un tableau horrifiant de la vie conjugale. Poggio lui avait répondu en nuançant quelque peu les arguments de son éminent correspondant, ce qui prouve qu'à cette époque déjà, il avait mitigé les vues qu'il avait exprimées avec beaucoup de véhémence dans la lettre de 1416 à Guarino de Vérone (cf. *infra*). On peut voir dans ce petit livre une sorte de justification personnelle (il veut démontrer qu'à son âge, c'est justement une jeune fille qu'on doit épouser) mais aussi l'occasion de traiter avec des arguments de caractère autobiographique une question que l'*Institution oratoire*[53] (qu'il connaissait sans doute par cœur) posait déjà. Cet opuscule est tout à la fois un dialogue philosophique à la manière de Cicéron (trois amis se trouvent dans une maison à la campagne, et viennent de faire un bon repas) et se rapproche aussi du genre antique des « propos de table[54] » issus des banquets.

XXXIV   UN VIEUX DOIT-IL SE MARIER ?

Ses deux interlocuteurs sont ici son ami Niccolò Niccoli[55] et Carlo Aretino, ou Marsuppini[56], le plus jeune, et ici le porte-parole de l'auteur, relativement effacé. L'atmosphère du dialogue est celle de la convivialité et de la gaieté[57], le ton plein de bonne humeur et d'ironie, car Poggio, comme il l'écrit dans la préface de ses *Facéties*, veut être lu « par des esprits gais et cultivés[58] », et croit à la vertu thérapeutique du rire : il dédia d'ailleurs sa traduction de *l'Âne* de Lucien à Cosme de Médicis pour le soulager de la goutte[59].

Jusqu'ici, Poggio avait passé sa vie « dans le péché » avec sa servante-concubine, une certaine Lucia, qui lui avait donné quatorze enfants[60]. Cette situation peu orthodoxe pour un secrétaire apostolique lui avait valu une lettre de reproches du cardinal de Saint-Ange. Notre Florentin lui répondit avec humour : « Vous me dites que j'ai des enfants, ce qui ne convient pas à un homme d'église, que je ne suis pas marié, ce qui est un déshonneur pour un laïc. Je peux vous répondre que j'ai des enfants, ce qui est normal pour un laïc, et pas de femme, ce qui est la coutume des ecclésiastiques depuis le commencement du monde[61]. »

Mais son mariage aussi lui attira des commentaires ironiques de la part de ses proches (et même du pape, qui lui donnait... six mois avant de le regretter) qui raillèrent ce célibataire endurci et repenti qui avait soudain revu ses positions au bout de vingt ans ! À Guarino qui lui avait envoyé, alors qu'il se trouvait à Constance, le *De Re uxoria* de leur ami Barbaro[62], il avait en effet répondu en 1416 : « Que les dieux confondent ces messagers tout à fait incapables qui s'acquittent si mal de nous transmettre nos réponses, et me privent du fruit de mes lettres, et qui t'ôtent le grand plaisir que tu prends d'habitude à leur lecture grâce à ton indulgence à mon égard. Du reste, je te remercie beaucoup du petit livre que tu m'as envoyé. Ma reconnaissance serait sans bornes si j'étais décidé à me marier, mais mon désir de prendre femme, de mince qu'il était avant, est désormais *nul*, après avoir constaté la somme et l'importance des qualités que requiert le rôle d'épouse, au dire des sages : il nous est plus facile de les souhaiter que de les trouver ! Mais trêve de plaisanteries. Dès qu'on m'a eu donné le livre, je l'ai dévoré, entraîné tantôt par l'originalité du sujet, tantôt par sa composition et son style agréable, si bien que je l'ai tout à fait terminé en une journée, mais ensuite, je l'ai relu à loisir. Certes la matière en est charmante et agréable, illustrée par bien des exemples ; ses chapitres sont si ordonnés qu'on peut dire que rien n'est mieux structuré. Mais ce qui me touche le plus, c'est la gravité du ton, qu'il garde d'un bout à l'autre. Francesco Barbaro me semble avoir écrit un second *De Officiis*, mais sur les devoirs des femmes tant il imite Cicéron à la perfection. Je ne suis pas un flatteur, comme tu sais, et ce que je dis sort de mon cœur. À la plus haute éloquence s'ajoute une élévation de pensée, digne des plus sages. Encourage, je te prie, notre ami Francesco à écrire. Car il offre des prémices admirables. Notre ami Cincio a lu ce livre et l'approuve, ce fut ensuite au tour de Biaggio Guasconi. Je le distribuerai partout où je verrai qu'il peut apporter quelque fruit de gloire et d'honneur à Francesco[63][...] ».

Si Poggio ne semble donc pas avoir été immédiate-

XXXVI UN VIEUX DOIT-IL SE MARIER ?

ment sensible aux arguments déployés par Barbaro, celui-ci dut en revanche convaincre Guarino, qui se maria trois ans plus tard avec la jeune Taddea, fille de Niccolo et Fiordimiglia Zendrata[64]. Barbaro lui-même épousa vers la même époque, en 1419, Maria Loredano, fille de Piero Loredano, procurateur de Saint-Marc[65]. Poggio écrit à ce propos à Niccoli : « [...] J'ai appris que Guarino avait épousé une jeune fille d'une beauté remarquable et bien dotée, ce qui est le plus important. Maintenant, il se repose, béat, dans sa patrie, ce qui me fait grand plaisir. De même Francesco Barbaro a suivi le conseil de son propre livre en choisissant une épouse ; il a imité les bons médecins qui s'occupent non seulement de la santé des autres, mais aussi de la leur. Tu comprendras ce que je dis si tu le connais : ainsi, c'est non seulement grâce à ses théories, mais aussi par sa progéniture que son éloquence fleurira. Il ne manque plus que toi aussi tu deviennes un jeune marié[66], car, pour ma part, c'est joué, car je ne peux subvenir à mes propres besoins, encore moins à ceux d'autrui[67]. [...] »

Malgré cela, il succomba au charme de la jeune Vaggia qu'il compte instruire « à l'école poggienne » comme il le dit lui-même, et écrit peu de temps après à un ami : « J'ai décidé de me marier, pour ne pas passer le reste de ma vie dans la solitude et sans enfants. Aussi, bien que je sois déjà dans un âge avancé, ai-je choisi une jeune femme d'une beauté remarquable, mais qui excelle aussi dans toutes les qualités qu'on loue chez les femmes. Tu me diras peut-être que j'ai mis du temps à me décider. Je te l'accorde, certes, mais mieux vaut tard que jamais[68]. » Certains s'empressent de souligner qu'elle était également bien dotée[69]. Et cette union avec cette fille « belle de corps et d'âme » (cet ordre des mots fera médire leurs ennemis) semble avoir été très heureuse si l'on en croit les lettres allègres suivant leur mariage, et même celles écrites vingt ans plus tard, jusqu'à la dernière où Vaggia apparaît[70], ou encore une allusion à leur complicité dans une des *Facéties*[71]. Quant à Lucia, on ne sait ce qu'elle devint, ce qui posa beaucoup de problèmes aux universitaires du siècle dernier qui s'interrogent avec quelque inquiétude sur la « moralité » de Poggio (au point de l'avoir fait mourir... d'épuisement à cause de sa jeune femme[72] !) : on sait par des archives que celui-ci légitima trois de leurs fils en 1433[73]. Poggio eut de Vaggia cinq fils et une fille[74]. Cette épouse chérie mourut quelques mois avant lui, le 23 février 1459.

Le thème abordé par Poggio était relativement nouveau dans la littérature, même s'il s'inscrit dans une tradition antique (l'*Économique*, de Xénophon) et médiévale (ce qu'on appellera la « querelle des femmes » qui blâme ou loue tour à tour le sexe féminin[75]). Mais c'est la question du mariage qui avait intéressé ses prédécesseurs (et il concernait évidemment des jeunes filles), plus que celle de l'union d'un homme âgé avec une épouse plus jeune. Ce qui est ici nouveau, c'est l'arrière-fond personnel de l'auteur, directement concerné : il ne s'agit pas d'un paradoxe gratuit, et la place accordée à l'amour dans cette union conjugale est à notre avis assez étonnante à une époque où les deux ne vont que rarement de pair.

En effet, jusqu'ici, cette institution s'attachait surtout

XXXVIII UN VIEUX DOIT-IL SE MARIER ?

à des considérations de propriété et de lignage dans le cadre d'une logique économique, l'affection était tout à fait accessoire et n'intéressait pas les théoriciens. Quelques années auparavant, le *De Re uxoria* (*circa* 1416) de Barbaro traitait de la question de la dot, de l'âge, de la beauté, du silence des femmes ou encore de leurs habits, de la modestie dont elles doivent faire preuve, du soin du ménage et de la nourriture des enfants, mais l'auteur s'attachait davantage aux tâches et aux rôles qui incombent à l'un ou l'autre sexe dans la gestion de l'économie domestique qu'aux sentiments entre les époux. L'amour dans le mariage est une invention moderne : il était suspect, capable de provoquer des désordres, et on ne devait pas aimer son épouse comme une maîtresse[76] (mouvement amorcé par le stoïcisme avant le christianisme, comme l'a montré M. Foucault). Jusqu'au XIXe siècle, les relations conjugales se posent en termes de devoir ou de dette, voire d'hygiène. Or Poggio, qui défend, dans cette querelle, une position du juste milieu, qui ne tarit pas d'éloges sur sa femme, dont il se plaît à rappeler à tous ses correspondants le jeune âge et la beauté, mais qu'il présente avant tout comme vertueuse. Il insiste à plusieurs reprises sur les sentiments communs, le respect, la fidélité, le soutien réciproque qu'offre cette union, en sus des considérations pratiques, qui ancrent le dialogue dans le contexte de l'humanisme civil (dont le mariage est un des fondements, et qui exalte l'action humaine au sein de la communauté[77]).

Poggio propose donc, par l'intermédiaire de son jeune ami Charles Arétin, lui-même marié, une réhabilitation du mariage, critiqué au Moyen Âge, et même par Pétrarque ou Boccace. Il le fait d'ailleurs avec courage puisque le type du vieillard amoureux est en fait un personnage de comédie. Poggio a sans doute inspiré Érasme, féministe avant la lettre, dans ses *Colloques*[78], notamment « Le mariage non-mariage ou l'union mal assortie[79] » et dans *L'Institution du mariage chrétien* (1526). Rabelais, qui fut un des grands lecteurs du Pogge lui fit beaucoup d'emprunts (il prit dans les *Facéties* la trame de la célèbre histoire de Hans Carvel), et se souvint sans doute de lui dans le *Tiers Livre*, qui repose sur ce problème : « Panurge doit-il se marier ? », question qui deviendra, par un pervertissement rhétorique dont Panurge lui-même est spécialiste, fondant ainsi la trame romanesque : « Sera-t-il cocu[80] ? » Pour Rabelais, comme pour Poggio d'ailleurs, le mariage, chose extérieure, n'apparaîtra ni bon ni mauvais en soi : tout dépend l'usage que chacun en fait. *Un Vieux doit-il se marier ?* est ainsi, finalement, le fruit d'un misogyne ayant fait un beau mariage.

Le style

Dans ses *Historiae conuiuales*, les hôtes de Poggio discutent pour savoir si les Romains avaient deux registres de langue, populaire et élevé : l'auteur refuse ce clivage et se fait le défenseur d'un nouveau latin (« *lingua nostra* », dit Valla), qui s'oppose au jargon scolastique médiéval, que les humanistes tiennent pour barbare et auquel ils veulent opposer une nouvelle langue, souple, vive et enrichie, empruntant aussi bien à Cicéron qu'à Sénèque, Martial ou aux Pères de l'Église,

XL UN VIEUX DOIT-IL SE MARIER ?

une véritable langue vivante, dépoussiérée, régénérée, prônant la clarté et l'élégance. L'*imitatio* est celle de l'esprit avant celle de la lettre ; ainsi, Poggio, qui connaît beaucoup de textes antiques par cœur pour les avoir recopiés – ce qui ne l'empêche pas d'écrire aussi en italien – paraphrase volontiers ses maîtres, en détournant volontiers des expressions de leur sens original, créant par là des métaphores souvent savoureuses. Il utilise le langage comme « instrument de plaisir » selon l'expression de Taine, et veut avant tout distraire ses lecteurs du *negotium*, les alléger des soucis de la vie courante, reprenant à son compte les arguments que Lucien avait déjà développés dans sa préface de l'*Histoire véritable*. Aussi les critiques qui jugèrent son style « plat » firent-ils à notre avis un contresens : la – toute relative – sobriété du Pogge est calculée, délibérée. Il place ses ouvrages latins dans une perspective subversive, revendiquant l'« expérience » qu'il fait d'une langue redorée au blason de l'humanisme.

P.-S. Le titre de la première traduction française était : *Un Vieillard doit-il se marier* ? Nous avons cru bon de le modifier, car, si pour ses contemporains, et lui-même, le Pogge passait pour un *senex* à cinquante-cinq ans, parce qu'on était déjà vieux à trente, si ses lecteurs encore, il y a un siècle, le considéraient comme tel, il serait ridicule aujourd'hui de reléguer un homme mûr dans la catégorie du « quatrième âge ». Si la différence d'âge entre des amants ou des époux a toujours existé, de Cicéron à Alexandre Dumas en passant par le duc de Lauzun, elle est aujourd'hui plus courante que jamais. Au demeurant, la jeune fille n'est pas ici au centre de la discussion, et sa jeunesse n'intervient qu'à titre d'argument supplémentaire plaidant pour le mariage : ainsi les tendres années faciliteront le « moulage », pour ne pas dire le dressage, de nos pygmalions-philosophes*.

* La traduction a bénéficié de la révision qu'a bien voulu faire Pierre Laurens.

Photographie de Marina Sangis

Un vieux doit-il se marier ?

Dédicace

Poggio, Florentin, à Cosme de Médicis, homme très prestigieux, salut.

Nous avons eu il y a quelque temps une petite conversation entre hommes savants, mon cher Niccolò, Carlo Aretino et moi, pour savoir s'il était avantageux pour un vieil homme de prendre femme ; j'en avais confié quelques points à ma mémoire et j'ai décidé, maintenant que je suis de loisir, de les mettre par écrit, tant à cause de la valeur de ces hommes que parce qu'ils semblaient offrir des arguments à mon propre point de vue. Car il y a des gens ignorants de ces choses pour penser que c'est folie que de chercher le mariage quand on est un homme d'un âge assez avancé, alors que c'est à cet âge surtout que l'on possède la sagesse pour gouverner un foyer et que l'aide d'une épouse est généralement nécessaire.

Et quoique Carlo ait défendu la cause des vieillards avec plus de verve et d'arguments que je n'en puis rapporter, grâce à ces bribes qui me sont venues à l'esprit, je pense cependant, en partie, lui avoir assez rendu justice face au jugement de Niccolò.

Mais je t'envoie à toi, qui es un homme très sage et très cultivé cette discussion afin que, après ta lecture, je sache lequel des deux avis tu approuves le plus. Si ce que j'y dis te semble plus pauvre que le raisonnement de Niccolò ou l'éloquence de Carlo, tu l'imputeras à la faiblesse de mon esprit, qui ne peut avancer plus loin que mes forces le portent. J'ai préféré, en effet, mettre la question noir sur blanc autant que celles-ci le permettaient, en écrivant, à laisser des paroles d'hommes si cultivés tomber dans l'oubli[1], surtout pour un tel sujet, sur lequel il est nécessaire d'être renseigné. Porte-toi bien.

Florence, le 17 avril [1436 ou 1437].

Un jour que je déjeunais, entre amis, après mon mariage, avec deux hommes fort cultivés avec qui je suis très lié d'amitié, Niccolò Niccoli et Carlo Marsuppini, nous en arrivâmes, au cours du repas, au détour de la conversation, à nous demander si un homme âgé (et c'était moi que cette question visait) doit se marier.

Le fait est que beaucoup d'arguments fusèrent de part et d'autre, mais moi, c'était ma position que je devais défendre : « Je vous propose de discuter de cela plus à loisir au dessert, car, comme on dit, les cornemuses sonnent plus mélodieusement quand elles sont gonflées et remplies. »

La table débarrassée, la conversation reprit à son début et comme Niccolò semblait avoir son idée là-dessus, je lui demandai : « Pourquoi défends-tu le parti qui pense qu'un vieil homme doive se priver des commodités du mariage ? » Il était prompt à la plaisanterie et répondit en souriant légèrement :

« Tous les hommes me semblent vraiment fous, mais vous, chapeau, vous délirez ! Il faudrait purger les cerveaux humains de telles extravagances avec de l'ellébore[2]. Toi qui jusqu'à cet âge as méprisé le mariage, vivant libre et à ta fantaisie, quelle sottise de te jeter après tout ça dans cette servitude volontaire et de rechercher une nouvelle source d'ennuis, qu'on ne supporte pas de gaieté de cœur et auxquels on ne peut pas échapper de toute manière ? J'approuve certes notre cher Carlo, que nous avons retrouvé jeune marié au moment convenable pour lui et à l'âge prescrit par Aristote dans sa *Politique*[3]. Mais (me désignant) lui, il s'est arrogé une province coriace à ce qu'il me semble, et entame une nouvelle discipline au moment même où c'est la retraite qui lui conviendrait : c'est la seule chose qui aille très bien aux très jeunes et aux jeunes gens, mais que les plus vieux surtout doivent fuir en courant. À d'autres de faire la louange du mariage autant qu'il leur plaît : pour ma part j'ai toujours pensé que c'était une affaire grave à tous âges, mais qu'elle est surtout tout à fait contre-indiquée à la vieillesse ; alors que celle-ci devrait être soulagée par quelque moyen, il me paraît absolument fou de l'alourdir du fardeau[4] d'une épouse. Car c'est l'âge où on ne peut suffire ni à soi-même ni à des obligations conjugales, et il me semble bon d'aspirer au repos plutôt qu'à un nouveau genre de peines. La vieillesse représente en elle-même assez de tracas sans qu'on l'embarrasse de soucis superflus[5].

– Et tu penses peut-être, dis-je, que tout le monde est comme toi, qui as toujours eu en horreur le mot « femme », comme si c'était le rocher de Sisyphe, et qui ignores ce qu'elles ont d'agréable et de charmant, qualités douces à tous, et *a fortiori* agréable pour un homme vieux. Pour ma part je n'ai ressenti jusqu'à ce jour nulle lassitude, nul regret dus à ma femme : bien plus, je trouve en elle un tel soulagement, une telle joie, toujours plus, de jour en jour, que je considère les célibataires comme des sots profonds, et que je pense que celui qui se prive de l'agrément d'une femme se prive du plus grand de tous les biens.

– Peut-être dis-tu cela par expérience, dit Niccolò, toi qui es tombé sur une jeune fille élevée selon les meilleurs principes, complaisante à ton égard et obéissante, si bien que dans ce choix on peut faire valoir ta chance plus que le jugement dont tu as fait preuve dans ta délibération. Mais comme c'est un oiseau rare dans ce monde, j'estime qu'il faut examiner non ce qui t'arrive, mais ce qui était digne de ton âge. J'approuve en vérité totalement ce que tu as fait puisque c'était ce que tu désirais, mais de la même façon dont on a approuvé (tu nous l'as raconté tout à l'heure en riant) ce qu'a fait un de tes amis. Si je me souviens bien, tu nous a dit qu'un Anglais fut consulté par un de ses proches pour savoir s'il devait épouser une femme à qui il s'était déjà uni auparavant en secret ; et celui-ci déconseillait la chose (car il s'agissait d'une femme de mœurs légères), mais l'autre disait qu'il n'avait plus le choix vu qu'il l'avait déjà épousée depuis longtemps. L'ami aussitôt, ayant changé d'avis, comme s'il s'était trompé sur le nom de la femme, encouragea le mariage, en assurant que c'était ce qu'il y avait de mieux. De même j'approuve ce que tu as fait parce cela t'a réussi, ce qui est pourtant rare, et je t'estime heureux. Cependant, il me paraît manquer de discernement celui qui, à cinquante-cinq ans – l'âge que tu as maintenant – cherche une femme, aggravant volontairement le poids des années d'une masse de soucis encore plus pesante. Et si ta femme s'opposait à tes habitudes et faisait la mégère chez toi ? Si à ton retour, elle t'accueillait en te faisant grise mine et en te regardant de travers, te cherchait querelle si tu sors, t'assommait de reproches et t'agressait quand tu arrives en retard à la maison ? Quel souci, quelle angoisse, quel supplice moral te tyranniseront ! Et si elle buvait, car ça peut arriver ? Et si elle était dévergondée, paresseuse, léthargique ? Je préférerais mourir plutôt que de mener une vie pareille !

Ajoute que, vierge ou veuve, jeune ou plus avancée en âge, c'est à un vieil homme qu'elle devra s'unir. Vierge, comme les mœurs des jeunes filles et des femmes divergent, comme leurs désirs sont variés, leur nature profondément différente, rarement elle s'accordera avec son mari. Une différence d'habitudes conduira à des modes de vie divergents, si bien qu'ils ne pourront ressentir les mêmes choses. Elle, ce sont le rire, les amusements, le badinage qui lui plairont, mais lui l'austérité, les affaires sérieuses. Elle aura un bon petit appétit, son mari un estomac fragile ; elle sera procédurière, lui fuira les tribunaux[6]. Ainsi l'incompatibilité d'humeur engendrera d'abord des dissensions, puis l'hostilité. De plus, il me semble s'aventurer sur un terrain glissant le vieil homme qui couche avec une jeunesse. Mais si c'est une veuve, si, jeune, elle a connu un jeune mari, elle rechignera à ce changement d'âge et se plaindra de cette portion diminuée[7]. Elle se rappellera toujours son premier mari, et la douceur de leur vie passée, et supportera mal ta vieillesse, en soupirant et en ayant à l'esprit son précédent époux, si bien qu'elle te fera comprendre, même si elle n'ose pas le dire, que la situation présente la dégoûte et qu'elle est possédée du regret de son ancien conjoint. Mais si tu t'attaches par ces liens à une vieille femme, assortie à ton âge, vous n'aurez pas d'enfants et vous serez deux êtres faibles, succombant sous le poids l'un de l'autre. Et si la faiblesse d'un seul étant déjà un lourd fardeau, redoublée encore par des maux communs, elle sera à plus forte raison un tourment. En outre surviennent à l'improviste, cent fois par jour, des querelles qui conduisent les vieux, mais aussi les jeunes, à se repentir d'avoir pris femme. Je parle de celles qui sont de chastes maîtresses de maison, car les femmes infidèles ne méritent aucunement le nom d'épouse. Et même si à sa vertu s'attachent le soupçon ou le crime, il n'y aura pas de plus grand tourment, de plus grande infortune. Quand je retourne dans mon esprit toutes ces difficultés, je pense qu'il est plus raisonnable de vivre protégé et loin de ce genre de soucis, que de courir le risque de cette affaire, que beaucoup de sages ont fuie parce qu'elle leur semblait suspecte. Malgré cela, il y en a beaucoup, quoique sur le déclin, pour chercher une femme. Les fous ! Fatigués, aspirant à la paix, ils vont se jeter, pour se reposer, dans un lit plein de ronces et d'épines !

Néanmoins, c'est une plus grande erreur encore lorsqu'il s'agit de ceux qui s'adonnent, comme il sied à un honnête homme, à quelque genre d'étude, et qui nourrissent leur esprit de belles lettres. Car un homme a bien plus de liberté pour se consacrer à la littérature quand il est son propre maître que lorsqu'il est embarrassé d'une femme qui l'en empêche. Sans parler du fait que leurs enfants naissent au moment où leur père âgé ne peut plus leur inculquer la vertu ou leur transmettre une activité précise ; sa mort survient avant qu'ils n'aient le temps d'arriver à l'âge de raison. Ils doivent de toute façon être confiés aux soins de tuteurs, qui le plus souvent sont attirés par le gain plutôt que par leur devoir de parents. C'est ainsi que, de ton vivant, tu ne tires aucune entière satisfaction de tes enfants, dans la mesure où tu n'auras pas encore eu le temps de voir ce qu'ils deviendront, et à ta mort, l'espoir assuré de leur avenir, ce baume des mourants, tu en es privé. Je sais, cela peut se passer autrement pour beaucoup : après tout je pense que tu es heureux si tu as dit vrai à propos de ta femme ; tu es libre de ces charges qui submergent la plupart des maris. Cependant, comme on dit, on doit préférer la solution la plus sûre à celle qui est douteuse. »

Là, je commençais à rire un peu en m'apprêtant à balayer le réquisitoire de Niccolò, quand Carlo prit la parole : « Permets-moi, me dit-il, de répondre à Niccolò pour toi et tous les autres hommes âgés. Car quelqu'un qui n'est pas vieux, celui qu'inspirera non un intérêt propre, mais le souci de la vérité plaidera plus librement et plus objectivement la cause des hommes âgés.

Je comprends que notre ami Niccolò prise la loi qu'il s'est personnellement prescrite, non point par raison, mais poussé par je ne sais quelle crainte superflue et quelle austérité un peu sauvage que l'habitude de la vie en société a fait disparaître. En effet, à qui devons-nous épargner le reproche d'une façon de vivre qui, si tout le monde la suivait, anéantirait complètement le genre humain en un siècle ? Car l'accouplement du mâle et de la femelle est indipensable à la conservation de l'univers, c'est une loi de la nature, non seulement pour les hommes, mais aussi pour le reste des êtres vivants. Aussi, je pense que l'on peut avoir tout à fait raison de préférer une vie commune, de s'adapter à la vie civile, et d'engendrer des enfants pour faire prospérer sa cité, plutôt que de vivre en solitaire, stérile, écartant la société d'autrui, privé des véritables bons liens d'affection et d'une tendresse quotidienne qu'offre surtout le mariage. Certes il est honteux pour des êtres doués de raison, alors que l'homme est un animal social, né pour procréer[8], de refuser cette faculté génitrice et de dédaigner la vie commune qui est de toutes choses la meilleure et la plus agréable. Les animaux, privés d'intelligence, sont poussés à s'unir par la force de l'instinct et à se reproduire pour la conservation de chaque espèce. Quoi ? L'homme, être raisonnable, dont la fécondité est plus utile que celle des bêtes, serait pire qu'elles, et alors qu'il a reçu du ciel la faculté de perpétuer sa race, en userait de façon détournée pour détruire le genre humain ? Fais attention de ne pas t'égarer trop, cher Niccolò, si tu voulais persuader même un sage, cela tendrait à détruire non seulement villes et communautés, mais même le monde entier. Cependant, il ne pourrait nullement être un sage celui qui s'opposerait à l'ordre institué par la nature, dont nous tirons tout bon principe de vie.

En vérité, le mariage ne les détournera pas de leur goût des belles lettres[9]. Car Socrate[10], Platon[11], Aristote[12], Théophraste, et chez nous Caton[13] l'Ancien,

Cicéron, Varron et Sénèque[14], et beaucoup d'autres fort savants ont été mariés et cela ne les a pas empêchés de l'emporter en tout genre de vertus et de savoirs, sur ceux qui répugnaient aux liens du mariage[15]. Et que dire du fait que celui qui s'abstient du mariage, ou s'expose à l'adultère ou au libertinage, ou se laisse aller à un autre vice bien plus détestable. Et n'avance pas comme argument la chasteté de ta vie, car, en vérité, il y a peu d'hommes pour faire preuve d'une telle vertu. C'est pourquoi, afin de mener une vie plus sage, il nous faut remplir le devoir conjugal. Pour ma part, c'est pour toutes ces raisons que je conseillerais à quiconque en âge d'avoir des enfants de se marier, même en l'absence d'autres avantages et je ne crains pas ce nom absurde de je ne sais quelle servitude que tu vois au fond du mariage. Certes, la plus grande liberté consiste à vivre à sa fantaisie : c'est ce que le mariage seul garantit, car loin d'être esclave, tu domines. Car tu es libéré de tous les vices qui assaillent de toutes parts les célibataires : tu commandes à ta femme qui apprend de son plein gré à t'obéir et à te servir.

Mais c'est surtout aux hommes âgés que je crois le mariage (qu'il y a un instant tu déconseillais formellement) le plus utile, parce qu'ils cherchent une épouse à un âge où ils n'ont plus de penchants lascifs, d'inexpérience, d'inconstance ni de négligence, mais du goût pour agir et prendre des décisions ; ils pourront tirer du mariage les fruits les meilleurs et les plus précieux. Seul un homme âgé sait ce qu'il convient de désirer ou de fuir : guidant par ses conseils sa compagne inexpérimentée, il tempérera ses désirs par sa sagesse[16]. Il la retiendra si elle chancelle[17] et convertira à ses mœurs cette jeunesse qui n'est pas encore dégrossie. »

Ici, Niccolò avait commencé à rire : « Alors comme ça, dit-il, tu fais la louange de tous les hommes âgés ? Comme si tu ne savais pas que beaucoup se révèlent pires que des enfants, et plus insensés.

– Tout âge, répondit Carlo, que ce soit la vieillesse ou la jeunesse, si on est fou, est difficile. Mais nous ne nous occupons ni d'untel ou d'untel, mais de la cause commune des hommes âgés. Quant à moi, qui consulte la raison, maîtresse de ma vie, j'approuve le mariage d'un vieux garçon, et j'estime que s'unir à une femme est bien plus sensé pour lui que pour un jeune.

D'abord je ne vois aucune loi ni aucun usage qui interdise le mariage à un homme âgé. Mais, de même que nous voyons confier avec plus de raison le gouvernail des navires aux plus vieux[18], de même celui qui aura vécu longtemps sera d'autant plus apte à gouverner une maison : car ce type de compétence peut rarement se trouver chez un jeune homme. Comme aussi les nouveaux sarments de vigne, s'ils ne s'accrochent pas au tuteur par leurs vrilles comme avec des mains, retombent[19] et ne peuvent se soutenir, de même la jeunesse, à moins que l'expérience des aînés ne la dirige, chancelle très souvent et se ruine elle-même. Le fait est que les adolescents et les jeunes gens ne savent pas encore gouverner d'autres personnes, non plus qu'eux-mêmes ; ils manquent d'assurance et de sagesse, en sorte que l'on peut compter entre autres désavantages qu'un homme doive prendre femme à un âge où il n'a pas fait ses preuves, où l'on ne saurait dire quelles seront ses mœurs, ses capacités, son activité, sa façon de vivre. De plus, l'inexpérience de deux êtres, à un âge exposé aux vices, apporte dans la vie beaucoup de préjudice. L'un poussera l'autre à l'erreur, alors que chacun cédera à ses propres penchants auxquels ils n'ont pas appris à résister vu la faiblesse de leur cœur, leur manque d'expérience et de prudence. La plupart, pour ne pas parler du reste, dissipent le riche patrimoine hérité de leurs parents pour ensuite être réduits à mener une vie de misère avec leurs enfants, ce qui fait que, par nécessité, beaucoup de femmes tombent dans le vice. Mais c'est aussi l'injustice et la paresse de leurs jeunes époux qui en ont poussé plus d'une au péché, si bien qu'il n'est pas très sûr de confier ses filles à des muguets.

Au contraire, chez les plus vieux, tout leur passé est connu et éprouvé : au grand jour leurs habitudes, leur mode de vie, leurs revenus, leurs richesses, leur sagesse, leur santé, etc., et tout ce qui regarde leurs vices ou leurs vertus, toutes choses nullement susceptibles de changer ou d'empirer. L'époque de la vieillesse est en pleine possession de la sagesse, de la prudence, si bien qu'elle ne tombe pas facilement dans l'erreur. Cet homme-là pourra diriger sa femme, être de faiblesse, par l'ordre et la discipline domestique ; il contiendra et formera un âge bouillonnant par ses sages préceptes ; il ne se contentera pas de conserver son patrimoine, mais l'augmentera pour son usage personnel et celui de ses enfants. Car il est une maturité de notre âge comme des fruits : c'est là le produit le plus fécond de la vieillesse.

Et ne viens pas me mettre sur le tapis quelques

vieillards cacochymes, aigris et grognons qui sont parfois pires que des enfants. À tout âge il faut bannir ce qui ressemble à la folie. Mais ce qui rend la jeunesse plus folle, c'est l'ignorance du vrai ainsi que le manque d'habitude de tenir une maison.

Attendu que la vieillesse excelle par l'expérience, la vertu, la prudence, qu'elle est habituellement plus scrupuleuse et plus zélée dans le gouvernement domestique, tant pour cause d'utilité publique que pour le partage de la vie commune, pour une protection réciproque, un soutien moral mutuel, même sans espoir d'avoir des enfants, un homme âgé devra prendre femme. Et pas seulement une femme, mais même des jeunesses dans la fleur de l'âge. D'abord le souffle pur et vierge de la jeunesse ragaillardira sa vieillesse et la conservera intacte[20]. Ensuite cette adolescente, pareille à la cire[21], vu ses tendres années, recevra l'impression des mœurs et du genre de vie de son mari[22], si bien qu'elle ne mettra que peu de temps à obéir à ses désirs, et qu'elle réglera ses inclinations et ses répugnances sur les souhaits présumés de son mari. Car, de même que des jeunes pousses plient plus volontiers dans la direction qu'on veut que des plantes arrivées à maturité, de même on convertit plus facilement des jeunes filles à sa manière de vivre que celles que l'âge ou l'expérience d'un premier mari a rendues plus endurcies. Tu modéleras son obéissance envers toi, tu la dirigeras au doigt et à l'œil, tu l'habitueras, parce qu'elle n'est pas encore imprégnée de mauvais penchants, à être docile, complaisante envers tes habitudes, à respecter ton âge, à discerner la part qu'on doit d'accorder à la vertu ou au vice, tout cela grâce à tes conseils quotidiens et à de bonnes habitudes.

Quant au devoir conjugal, si tant est que le poids des années ne s'y oppose, tu t'en acquitteras seulement autant que l'exige la raison et le besoin de procréer (ta femme, si elle est chaste, sera la première à t'y pousser).

Nous voyons des enfants cachés dans des pensions religieuses, sans la possibilité de sortir ou d'aller librement, et leur volonté aussi se déshabituer des distractions ou des sorties et ne plus les désirer : ne voyant pas les choses de la vie, ils n'en éprouvent nul besoin. Quoique leur âge et leur naturel semblent y répugner, l'usage contraire est le plus fort. De la même manière nous constatons que des jeunes filles, recluses loin de la société des hommes et des femmes, si elles sont bien élevées, n'éprouvent nul désir de ce genre. Qu'y a-t-il donc d'étonnant à ce que des adolescentes mariées à des hommes âgés, imprégnées qu'elles sont des recommandations et des préceptes de leur mari, repoussent les charmes multiples de voluptés qu'elles ne connaissent pas, se soumettant aux désirs d'un homme plus vieux, estimant bien ce qu'elles ont appris qu'il faut faire ? Elles penseront que l'idéal, c'est ce qu'elles voient bénéficier à la constitution de leur époux ; elles jugeront que sa santé est préférable à des satisfactions plus éphémères. Elles se réjouiront d'être unies à des hommes capables de fournir et des préceptes pour bien vivre et des biens matériels pour passer sa vie honnêtement : c'est le meilleur fruit qu'on puisse tirer du mariage.

Ainsi, à mon avis, mieux vaudra qu'une jeune fille épouse un homme âgé qu'un adolescent. Car, en dépit du vieux dicton « qui se ressemble s'assemble », il est cependant plus sage de s'attacher à un âge d'où est exclu le risque de pauvreté mais qui inclut vertu et aptitude à gouverner, d'où on peut tirer une bonne règle de vie et une discipline, plutôt qu'à un âge encore fragile dans lequel subsiste la peur d'agir, que ne soutient nulle expérience, nulle sagesse, nulle ligne de conduite, et sans aucune notion concernant l'éducation des enfants. Car comme il suffit de la folie d'un seul pour détruire une maison, que sera-ce si deux jeunes fous s'unissent à un âge immature ? Quel malheur, quelle désolation dans leur foyer ! Or c'est un fait établi que les jeunes n'ont aucune sagesse, aucun usage des choses, aucune ligne de conduite, cela, l'expérience même le confirme, pas besoin de démonstration !

Tu as dit que des parents sont privés du plaisir d'élever leurs enfants, puisqu'il leur faut quitter la vie avant que d'avoir pu leur inculquer la morale ; je ne vois pas pourquoi ce seraient les jeunes qui, plus que les vieux, profiteraient de l'agrément de leurs enfants. Si encore les jeunes étaient plus certains de vivre que les vieux[23] : mais une vie plus durable et plus vigoureuse ne semble-t-elle pas justement promise par le destin à ceux qui ont atteint la cinquantaine bon pied bon œil ? Car, pour avoir traversé les multiples aléas de la vie, et ses peines, ils paraissent avoir affermi, en quelque sorte, leur nature contre les maladies et l'avoir aguerrie par un soin continuel pour endurer des fatigues. Certes, les maladies font mourir beaucoup de gens à un âge assez tendre, au lieu que les vieillards devenus robustes les méprisent, car elles s'insinuent plus facilement dans de jeunes années qui se liquéfient comme de la cire sous un souffle chaud. Tout âge est assurément incertain, et tous sujets à des maux divers, mais la jeunesse est exposée à plus de dangers que la vieillesse, à la fois parce que cet âge est naturellement fragile et faible, et parce qu'il ne sait s'imposer une mesure ni s'abstenir des plaisirs[24] qui causent souvent de graves infirmités. Tout au contraire, les vieillards, à un âge affermi, rôdés à l'usage, rendus plus habiles par expérience, tout à la fois soutiennent l'assaut des maladies plus vaillamment, et les évitent plus sagement, s'assurant ainsi le privilège d'une vie moins exposée et moins précaire. En outre il ne faut pas dédaigner un âge qui a peut-être devant lui vingt ou trente années, qui suffisent, et même largement, à éduquer des enfants. Car ceux-ci devenus adultes en ce laps de temps peuvent faire preuve de raison et de jugement, pour peu qu'ils aient étés instruits par des pères savants et sages, comme le sont les hommes âgés. En fait, l'éducation par des hommes âgés offre un avantage considérable, car l'on voit que des enfants élevés par des vieux sont meilleurs, plus raisonnables et plus intelligents que ceux qui l'ont été par des jeunes, qui ne peuvent transmettre à leurs fils aucun enseignement, aucune sagesse, aucune ligne de conduite déterminée, eux-mêmes étant dépourvus de toutes les qualités de ce genre.

Mais supposons au vieillard une faible espérance de vie : ses enfants ne lui procurent-ils pas néanmoins un immense et profond plaisir ? Puisque, pendant cette période d'extrême jeunesse où ils nourrissent leurs fils, ils leur apprennent avec discipline à honorer un père, à l'entourer de marques de respect, à obéir, à être à leur disposition, à observer les commandements des parents, en sorte que ces enfants ne sauraient leur occasionner aucune cause de chagrin. Mais, quand ils sont plus grands, une liberté excessive les pousse à l'insolence : ils rejettent la bride parentale, repoussent les commandements, et font fi des conseils ; mauvais et rebelles, ils n'en font qu'à leur tête, au grand accablement de leurs parents. Donc ceux qui ne vivent pas très longtemps ne reçoivent de leurs enfants que de la joie de leurs enfants, exempte de tout désagrément.

Mais enfin, Niccolò, quelle raison te pousse à dissuader les hommes âgés du mariage ? Ne peuvent-ils pas faire des enfants ? Ignorent-ils la conduite d'une maison ? Paraissent-ils incapables d'élever leur descendance ? Sont-ils plus faibles de corps et d'esprit ? Sans parler des Anciens, le vieux Caton, Cicéron et beaucoup d'autres encore, très savants et très sages qui convolèrent avec des adolescentes, presque à la fin de leur vie, ni, plus près de nous, Galeotto Malatesta[25], d'âge mûr, dont le nom, pour ses hauts faits italiens, en temps de paix ou de guerre, est à l'honneur dans toute l'Italie, et qui, à soixante-quatorze ans, épousa une jeune fille qui lui donna quatre fils qui, plus tard, furent considérés comme les hommes les plus célèbres de toute l'Italie. Nous-mêmes avons vu l'un d'eux, Carlo[26], briller par sa culture tout en étant le plus remarquable général de notre époque. Ces enfants furent encouragés à la vertu, tantôt par leur disposition exceptionnelle, tantôt grâce à l'éducation de leur père, son excellence et sa gloire, modèle qu'ils ont observé de leurs propres yeux pour toute leur vie. Je pense certes que le plus important et ce qui pèse le plus dans l'éducation des enfants, c'est l'autorité morale d'un père âgé, son entier encouragement à la sagesse, choses qui, même si elles existent chez des jeunes gens, semblent avoir un moindre poids parce que dans un certain sens, on croit cette sagesse étrangère à leur âge. La maturité, la gravité, la prudence, l'expérience, nous les prêtons volontiers aux hommes âgés. Cela engendre un certain ascendant, si bien que nous estimons que c'est à eux plus qu'aux autres qu'appartiennent la prévoyance et la sagesse. C'est très utile pour tenir en bride un âge fragile, des enfants qui, s'ils ont marché sur les traces de leur père, règlent leur vie et leurs habitudes sur leur entourage, obéissent aux injonctions, cherchent l'approbation. À la maison, ils n'apprennent ni obscénités ni bassesses, ni plaisanteries stupides, mais le sens de l'honneur, la mesure, la réserve, le sérieux, et imprégnés qu'ils sont de ces vertus dès leur venue au monde, même si le secours de leurs parents vient à leur manquer, ils conservent cependant pour toute leur vie cette discipline reçue lors de leurs jeunes années. En vertu de quoi ils finissent le plus souvent par devenir des hommes brillants, supérieurs.

C'est pourquoi je répéterai mon sentiment : mis à part les avantages privés, il est d'intérêt public, et avantageux pour les hommes âgés d'avoir une femme, et même une jeune femme ; il importe en effet à l'État d'avoir surtout des hommes sérieux, posés, gens de bien dans la cité pour compenser par leur sagesse la folie des autres.

Ajoute que c'est un grand secours pour notre vie que d'avoir une épouse à qui confier la sienne, avec qui tu puisses partager tes pensées, peser tes résolutions, partager ta joie, adoucir tes peines, un autre toi-même qu'à vrai dire on ne rencontre que dans une amitié parfaite. Aucune crainte qu'elle ne t'aime pas si elle sait qu'elle est aimée de toi comme il convient à une épouse, que tu lui es d'une fidélité irréprochable, que tu la traites comme une partie de toi-même et non comme une servante : tout cela des hommes âgés le fournissent facilement. Car, parmi ces jeunes gens, combien brisent et violent le serment conjugal ? Leur libido est bouillonnante, plus que de raison, et déborde en aventures extraconjugales : on préfère une maîtresse à une épouse. On se plaint, comme on dit, de ce qu'on porte le son à la maison, et la farine ailleurs ; d'où s'ensuivent les disputes, les conflits, les scènes de ménage indignes du mariage, et parfois, une envie de tirer vengeance de l'offense. Le désir des hommes âgés, lui, est modéré, leur foi conjugale intègre, leur conjointe est leur unique objet d'affection, leur raison n'est pas entamée par la passion. Ils n'ont plus le désir d'aimer ailleurs. Une mutuelle bienveillance, la foi sacrée du mariage produisent ce bonheur incomparable parmi les mortels.

Et que dire du fait que la vieillesse, grâce à l'union avec une jeunesse, devient bien plus allègre et agréable ? Car tu as reproché aux vieux d'être faiblards au lit, mais c'est justement ce dont il faut louer cet âge, c'est sa principale qualité ! Nous devons en effet nous consacrer au plaisir, si nous sommes des hommes et non des bêtes, juste autant qu'il faut pour avoir une descendance : raison pour laquelle même les animaux recherchent l'accouplement. Un excès de désir est davantage le lot des bêtes que d'hommes doués de raison. Il est permis de s'avancer dans la recherche du plaisir autant que la finalité du mariage le requiert. Les sages considèrent la luxure comme honteuse et vile non seulement chez des hommes âgés, mais aussi chez des jeunes. Par conséquent la modération d'un vieillard sur ce point est digne d'être vraiment recommandée. Quand on suit sa raison comme son principal guide dans la vie, on s'en tient aux choses nécessaires et utiles ; les superflues, les non-nécessaires, on les rejette. Mais s'il constate chez sa femme un désir plus violent, comme cela arrive aux malades qui, en cas de rechute, ont envie de nombreux mets au goût agréable, encore qu'inutiles, il la modérera par la raison et lui apprendra à ne donner que ce qu'exigent la nature et les bonnes mœurs.

Tu pensais d'autre part qu'on ne doit épouser ni une vierge ni une veuve ni une femme mûre, mais permets-moi de te dire, Niccolò, que tu me sembles trop t'égarer loin du bon sens et prêcher pour ta paroisse. Un homme âgé épousera, certes, une jeune fille qui, vu ses tendres années, n'a rien connu d'autre que l'habitude domestique de ses parents, et qui ploiera d'autant plus où il voudra. Il la fera entrer dans ses vues, il l'attachera à ses mœurs, il la dirigera par son autorité et ses conseils. Il lui apprendra que l'honneur est la meilleure chose, lui montrera le mérite de la continence, en quoi les femmes pudiques diffèrent des impudiques, jusqu'à quel point on peut s'adonner au plaisir, et dans quelle mesure il faut s'en abstenir. Ainsi, ces paroles, à moins qu'elle ne soit un animal stupide, la toucheront si bien que tout ce que sa jeunesse réclame parfois, la raison le tempérera ; ce que son mari lui aura persuadé, qu'elle le considère comme la meilleure conduite à suivre.

Si au contraire il s'agit d'une veuve qui a connu un jeune mari, elle se souviendra que parfois il l'a dédaignée ou méprisée, qu'il en cherchait une autre, qu'elle passait après une femme adultère, qu'elle était accablée de querelles et que, de temps à autre, elle tâtait du bâton. Lui reviendront à l'esprit ses atours, souvent vendus ou donnés à une maîtresse ! La frivolité de la jeunesse, sa rudesse de caractère, l'inconstance de la foi conjugale se présenteront à sa mémoire, si bien que lorsqu'elle se trouvera l'épouse d'un homme âgé, situation où tout cela disparaît, elle aura l'impression d'échapper à une mer orageuse pour trouver refuge dans un port tranquille[27].

Un vieux ne reculera pas de crainte même devant une femme mûre, et même sans l'espoir d'une descendance, rien qu'à cause d'une société conforme à la nature, et du soutien d'une vie commune, il désirera s'unir à une femme, fût-elle d'un certain âge, pour que leur faiblesse à eux deux s'affermisse par la réunion de leurs forces ; car, de même que ce que l'homme le plus robuste ne peut souvent pas faire, il y réussit avec l'aide d'un seul, même plus faible, de même ce que quelqu'un de moins puissant ne peut accomplir seul, il le peut avec un peu d'aide procurée par un autre ; pour réaliser un ouvrage, une seule main est invalide, mais avec les deux, qui s'assistent et s'entraident, on vient à bout de l'ouvrage. Ainsi ce qui manque à l'un dans un couple, l'autre y supplée par son aide.

Tu nous as dit aussi qu'il reste peu de temps à vivre aux vieux. Je ne peux nier qu'ils sont assez proches de la fin. Mais leur vie n'en est que plus parfaite, ils la passent plus honorablement. Car mieux vaut passer une vie courte mais vertueuse qu'une vie aussi longue que celle des cerfs et associée à la mollesse, la bêtise, les erreurs et l'ignorance, et d'autant plus sujette à faillir souvent qu'elle est faible et encline aux vices. L'époque de la vieillesse (j'appelle vieux ceux qui sont dignes de porter ce nom) si courte qu'elle soit, est parfaite ; c'est alors que notre esprit, nos facultés, notre pensée sont les plus fermes, c'est cet âge qui est la demeure de la vertu, et le fruit d'une vie passée.

Aussi, où que tu te tournes, tu dois me concéder que la vieillesse est bonne pour le mariage, qu'elle est appropriée aux nécessités de la vie, de sorte que nous devons la désirer si nous voulons vivre parfaitement et selon la vertu. »

Il n'avait pas plutôt fini que Niccolò dit : « Pourquoi donc, Carlo, si la vieillesse t'enthousiasme tant, n'as-tu pas attendu d'être vieux pour prendre femme ?

– Je ne dis pas qu'il ne faut pas se marier avant, dit-il, si le mariage est assorti et avantageux. Mais je montre que la vieillesse ne doit pas se priver de cette chance dans la mesure où elle semble être l'âge le plus sûr et le plus accompli.

– Si tu veux, répondit Niccolò ; que chacun suive son goût, qu'il pense ce qu'il veut. Mais, je crois que tu as dit tout cela pour faire plaisir à notre hôte. Tu as voulu, je crois bien, lui rembourser ses plats en paroles afin d'être quitte envers lui. Mais maintenant, assez bavardé ; je vais veiller à ce que la folie des autres ne m'atteigne. »

Là-dessus, nous nous levâmes.

Choix de lettres

Lettre de Gasparino Barzizza[1] à Poggio (avant 1431).

[...] J'ai entendu dire que tu aurais l'intention de te marier ; je ne pouvais pas ajouter foi à ce ragot parce que je te sais homme assez raisonnable pour ne pas te passer la corde au cou, j'entends par là le joug du mariage, qui est très pesant et difficile à secouer. Car personne ne prend femme, à moins de mépriser la paix, de détester le repos ; en effet l'homme marié est voué à une peine perpétuelle, à la tranquillité, jamais ; des soupçons se font jour, la crainte est aussi au rendez-vous. Si tu épouses une femme honnête, sans cesse ton amour sera tourmenté par la peur que la mort ne te l'arrache, si elle est déshonnête, impudique, et peu soucieuse de la vertu, de quel malheur et de quel lourd supplice tu souffriras, tandis que tu craindras toujours qu'un autre que toi ne remplisse ton office. Si elle ne se sent pas aimée de toi, elle souhaitera ta mort et s'emploiera à concocter du poison. Avec elle, tu ne passeras pas un jour de bonheur, mais parmi les insultes, tu connaîtras vite les querelles et les désaccords, ce qui hâtera ton trépas. Si elle est stérile, tu regretteras l'amour que tu fais à perte, si elle est féconde et te donne beaucoup de fils, tu auras le souci de constituer un patrimoine pour tes enfants. Car une famille nombreuse porte le cœur d'un père vers la cupidité, si bien que tu n'auras même pas la possibilité de te consacrer à fond à tes études. Le savent ceux qui en ont fait la funeste expérience. Quant à moi, jamais je n'ai porté ce fardeau, mais les choses auraient pris le même cours si j'en crois l'illustre Martial, le poète au lit étroit : « Toujours un lit de marié est le théâtre de querelles succédant à des disputes, on n'y dort pas du tout. » Là, les disputes vont bon train, le repos est rare, les soupçons incessants, les soucis très fréquents et d'autres inconvénients innombrables, qu'en homme sage tu connais par cœur. Car tu es un être très réfléchi, ce que tu dois faire ne t'échappe pas, et ne te froisse pas de ce que je t'ai écrit, parce que je ne l'ai pas fait pour convaincre un sage qui ne connaît pas l'erreur, mais parce que je ne voudrais pas que tu te laisses empêtrer d'une charge si pernicieuse dont seule la mort puisse te défaire. C'est chose triste en effet pour un homme d'une parfaite prudence que d'en être réduit à simplement espérer n'agir point mal. Car suppose que ta maladie t'ait rayé du nombre des vivants[2] : quoi ? qu'y a-t-il de plus douloureux que de se séparer de sa femme et de ses enfants en leur causant de la douleur ? Pense que tu vas mourir et vis de sorte à avoir toujours la mort devant tes yeux. Car celui qui craint la mort ne s'abandonne pas aux plaisirs, repousse les vices, méprise une vaine gloire. À quoi te servira le plaisir quand tu reposeras, éteint, sur un grabat, déformé au point que ta femme, tes enfants et tes parents ne daigneront pas te jeter un coup d'œil, ne te regarderont pas, quand ta femme ne t'embrassera pas, selon l'usage, mais sera pressée qu'on t'emporte vite loin de la maison ? N'oublie jamais cela, et, mon très cher Poggio, je ne désespérerai pas te voir bien agir. Porte-toi bien.

Cod. II, 112, bibl. de Nikolsburg f°226.
Walser, op. cit., p. 430-431[3].

Réponse de Poggio.

[Il le remercie pour sa compassion et rend grâce au ciel de l'avoir épargné].

Tu m'écris en outre qu'on t'a rapporté des rumeurs selon lesquelles j'aurais l'intention de prendre femme. Bien sûr, je ne nie pas que tes efforts pour m'en dissuader m'aient beaucoup plu. Je ne doute pas du tout de leur bien-fondé, mais apprends pourquoi j'ai voulu me marier. Aucune charge en effet n'est plus méritoire que celle de mari. Car le Dieu unique Lui-même l'a instituée, non sur terre, non dans un quelconque endroit, mais dans le plus digne, le paradis et Il prend plaisir au fruit du mariage et à la naissance de beaux enfants. Qu'y a-t-il en effet de plus agréable que de laisser derrière soi une descendance qui te survive, qui parle souvent de toi, défend ta réputation, achève tes travaux : c'est une grande récompense, et ce décret, quoique lourd, doit le plus souvent être supporté avec constance par les gens mariés. Si cependant ton épouse meurt, tu as épousé une mortelle, tu ne dois pas t'en plaindre quand tu sais que tu la suivras ; si tu as rendu à Dieu l'âme de tes enfants, tous ces événements sont des ordonnances du ciel, qui ne peuvent te peser à moins que ton Maître ne les ait ainsi arrangés. En ne perdant pas tout cela de vue, il vaut la peine d'avoir une femme, mais il faut faire attention à ce qu'elle ne soit pas impudique, querelleuse ou stérile, et cela, il est difficile de le savoir. Car on examine un cheval, un vase ou de la vaisselle avant que de les acheter, mais avec les femmes, on peut être trompé sur la marchandise, elles se font épouser avant qu'elles puissent nous déplaire, et les vendeurs rusés et habiles masquent la laideur cachée à l'intérieur en exhibant un bout de beauté. Quant à moi, je profiterai de ton conseil, je t'obéirai, j'aurai soin de suivre ton exemple, si quelque autre disposition ne vient pas endormir ma volonté. Porte-toi bien.

Walser, ibid., p. 432.

À Nicolas Bildeston, archidiacre de Winchester, le 6 février 1436.

Très Cher Père, J'ai gardé le silence pendant plus longtemps que votre affection à mon égard ne le permettait, non certes parce que je vous avais oublié, car toujours votre image est imprimée dans mon cœur, mais parce que rien n'est arrivé dans ma vie que je juge vraiment digne de vous l'écrire. Mais maintenant qu'un grand changement s'est opéré en moi, j'ai voulu vous le faire connaître, afin que vous vous en réjouissiez un peu avec moi, parce que j'en ai éprouvé une très grande joie, corps et âme.

Vous savez que jusqu'ici le cours de ma vie a été pour ainsi dire incertain parce que je ne fuyais pas le siècle, et que je ne désirais pas non plus devenir membre du clergé. Comme cependant ma nature avait toujours répugné au sacerdoce, où j'étais à un âge où je me devais de choisir une règle de vie sûre, j'ai décidé de me marier, pour ne pas passer le reste de ma vie dans la solitude et sans enfants. Aussi, bien que je sois déjà dans un âge avancé, ai-je choisi une jeune épouse d'une beauté remarquable, mais qui excelle aussi dans toutes les qualités qu'on loue chez les femmes. Vous me direz que j'y ai mis le temps. Je vous l'accorde, certes, mais mieux vaut tard que jamais, et, comme disent les sages, il n'est jamais trop tard pour trouver les voies de la vertu. J'aurais pu le faire avant, mais je ne l'aurais pas rencontrée elle, sur qui reposent tous mes soucis, et qui s'accorde parfaitement à mes habitudes et à mon caractère. Car il n'y a rien que je puisse exiger qu'elle n'ait pas, tant la nature l'a comblée de présents inestimables. Cela me réconforte beaucoup, et j'en remercie le ciel qui m'a toujours favorisé et aujourd'hui encore, dans mes vieux jours, jusqu'à m'accorder plus que je n'aurais pu souhaiter.

Donc, comme votre amitié pour moi, je la connais bien, et que j'ai beaucoup d'estime pour vous, j'ai pensé devoir vous informer de mon nouvel état et de vous faire confident de ma joie. Portez-vous bien, recommandez-moi à Dieu et répondez-moi. Vous saurez par les autres la situation à la curie.

H. Harth, *op. cit.*, II, p. 202-203.

À Guarino de Vérone, le 18 mai 1436.

[...] Tu me félicites au sujet de ma femme, et tu le fais certes amicalement. Pour moi je pense que cette chose me sera toujours une source de plaisir et de repos. Car, comme le dit Flaccus, puisqu'une grande dot, c'est la vertu des parents[4], ne m'intéressant qu'à ma femme, j'ai fait fi des richesses et des autres avantages que la plupart recherchent d'ordinaire dans les unions. Pétrone a écrit : « Rarement la beauté s'allie à la sagesse[5]. » Cette rareté cependant m'est échue comme un don de Dieu immortel : ma femme, qui n'a pas encore dépassé sa dix-huitième année, est d'une beauté parfaite, mais ses qualités surpassent néanmoins son charme, puisqu'il ne lui manque rien qu'on ne puisse réclamer chez une parfaite jeune femme. C'est pourquoi il me semble avoir pourvu assez raisonnablement au repos de mes années à venir, quoique certains de mes amis disent en riant que je me lance dans un nouveau métier au moment où je devrais me retirer. Mais il n'est jamais trop tard, je pense, pour faire ce qui est bien et vertueux. Et, de même que les bons auteurs s'efforcent de rendre leur dernier acte plus soigné et plus accompli, de même, moi, pour le temps qui me reste, je me suis consacré à une vie plus parfaite.

Mais laissons de côté le divorce de Caton. La vie à cette époque comportait beaucoup de choses qui sont désapprouvées aujourd'hui. Mais comme Sénèque veut louer l'ébriété plus facilement à cause de Caton que déshonorer Caton à cause de son ébriété[6], de même ton

Poggio, quoi qu'ait fait Caton, philosophe et stoïcien, pense qu'il l'a fait honnêtement et vertueusement. Pourtant, comme l'écrit Cicéron, à chacun sa chacune[7] : ainsi je conserverai mon avis et toi le tien, pourvu que l'un et l'autre ayons tout de même le même sentiment sur le chapitre de la constance en amitié. [...]

H. Harth, *op. cit.*, II, p. 204-205.

À son éminence Giuliano Cesarini, cardinal de Saint-Ange, le 26 mai 1436.

Vous m'avez très souvent exhorté et en quelque sorte poussé, père très vénérable et très éminent, tantôt par vos paroles, tantôt par vos lettres, à choisir une règle de conduite plus sûre pour ma vieillesse, et j'ai enfin suivi votre conseil. Car, alors que j'avais à trancher entre les deux chemins qui s'offrent d'ordinaire à notre époque, l'un celui du sacerdoce, l'autre celui du siècle – mais ma nature a toujours répugné au sacerdoce, quant à la solitude je l'aurais détestée – j'ai fini par me rallier à l'idée du mariage, c'est-à-dire à une vie civile. Je ne nie pas que beaucoup puissent penser que ma vie jusqu'ici a été assez paisible et reposante, à l'abri de tout désagrément, égoïste et laissant du loisir, vie que la plupart recherchent à cause de la richesse et des biens ou à cause de la religion ou de la sainteté des mœurs. Car ce que l'on requiert, c'est la grosseur des bénéfices, non une bonne règle de conduite. [...]

Je n'ai pas eu d'appétit pour les nourritures des puissants auxquelles beaucoup sont attachés, mais pour la dignité, l'honnêteté, la vertu, la meilleure des dots, comme les plus sages l'ont fait remarquer, que les parents puissent transmettre. Comme j'avais remarqué et pleinement apprécié une adolescente de famille noble qui n'avait pas encore dépassé sa dix-huitième année, d'un naturel remarquable, pleine de réserve et de ces qualités qui sont requises chez une jeune femme excellente et exceptionnelle, et dont les mœurs très admirées font l'unanimité, j'ai pensé que j'avais là la plus belle de toutes les dots ; bien qu'elle ait été plus jolie que mon âge ne le réclamait, mais comme je savais qu'elle avait été élevée et éduquée depuis sa tendre enfance de manière à ce que la dignité prime sur la beauté, la réserve sur l'apparence extérieure, et surtout les qualités morales sur le physique, je l'ai prise pour femme, et qui plus est selon mes vœux. Car en elle je trouve réconfort et apaisement, plus de jour en jour, si bien que je rends continuellement grâce à Dieu, qui m'a, dans ma vie passée, toujours plus donné que ne le permettaient mes péchés, et maintenant surtout, en me donnant cette épouse, a tellement pourvu à mon repos, tellement comblé mes désirs que je ne peux rien, au fond, demander de plus.

Zucharus avait coutume de dire autrefois, quand il voulait louer quelque plat parfait, qu'il n'aurait pas été bon s'il avait été assaisonné autrement. Ainsi la même chose m'est arrivée pour ma femme, qui est telle que je ne désire rien lui ajouter ni lui retrancher. Voilà la raison, indépendante de ma volonté, pour laquelle j'ai tardé à vous écrire.

Vous connaissez le proverbe : « Très peu de jeunes

mariés, voire aucun, ne se repentent de leur mariage avant un an. » Le pape m'a donné six mois ! Mais, alors que je viens d'entamer le cinquième, cependant que ma femme devient plus vertueuse de jour en jour, plus agréable et obéissante envers moi, je suis sûr que je ne connaîtrai par la suite aucun motif de regret car il me semble que je vois comme si j'y étais la suite des événements. J'espère aussi que la grâce de Dieu ne me fera pas défaut dans l'avenir. Car Lui qui me fut favorable à l'époque où je me détournais du droit chemin, maintenant que j'ai emprunté une voie certaine, Il me comblera de miséricorde. Cependant, quoi qu'il arrive, quoi que le sort me réserve, je ne regretterai jamais d'avoir agi comme il le fallait.

J'ai voulu faire partager cela à votre amitié à propos d'une chose qui me rend heureux et joyeux, afin que, vous aussi, qui m'aimez beaucoup, vous en tiriez quelque plaisir. Je sais que votre sagesse réclame qu'on lui écrive des choses plus graves, mais même les hommes les plus sages eurent l'habitude de reposer leur esprit des sujets sérieux. Je vous prie donc de lire cette lettre quand le loisir vous permet de vous distraire. Portez-vous bien, et, comme toujours, aimez-moi.

H. Harth, *op. cit.*, II, p. 207 à 209.

À Piero del Monte, le 18 juillet 1437.

Poggio salue bien Piero del Monte, protonotaire[8], homme éminent.

J'ai reçu en même temps que tes présents ta lettre,

qui m'a fait pour ainsi dire plus plaisir que tes présents, qui en tout cas m'a plus touché. On a en effet développé sur le mariage de nombreux arguments que tu connais plus par ouï-dire que pour les avoir éprouvés, que je te ferai parvenir sans répondre à ce dont je te crois ignorant. Quant à moi qui ai expérimenté ce que j'avais lu sur les femmes, ayant dépassé les bornes de la plus haute félicité depuis environ un an, c'est au mariage que je suis le plus redevable de ma sérénité. Sur ce point, je m'éloigne tellement de l'opinion de ceux qui pensent qu'il ne faut absolument pas se marier que j'estime qu'ils ont été poussés et portés à cette décision plus à cause de leur naturel méchant et de mœurs contraires aux communes habitudes que par la faute des femmes. Si tant est que les sages tiennent que l'homme a été créé pour la vie en commun et le bien de la société ; ce sont deux principes essentiels du mariage.

Mais quelques femmes se trouvent être difficiles. Cela arrive aussi à beaucoup d'hommes et ce n'est pas pour autant que les femmes les rejettent de leur société. Et si quelqu'un pense qu'elles empêchent d'étudier, il peut bien vivre en solitaire si cela lui plaît, et sans enfants. Certes Socrate, Platon, Aristote et beaucoup d'autres philosophes éminents encore se sont mariés et ne sont pas devenus moins savants ou ne se sont pas éloignés de la philosophie pour cela. On dit que les femmes apportent avec elles beaucoup de soucis. Mais les petits gitons peu fidèles et peu sûrs nous en donnent de bien plus nombreux et de plus graves. En effet, puisqu'ils servent, comme les courtisanes, à l'occasion, ils ne regardent pas à l'homme mais au salaire ; et s'il n'y en a pas, tels des oiseaux, ils cherchent un autre champ où la nourriture soit plus abondante. Une femme au contraire, partageant tes peines et tes joies, se réjouit et souffre avec toi, a des égards pour toi avec qui elle sait qu'elle passera le restant de ses jours. Elle adoucit ton chagrin, elle répond à ta gaieté par son rire et s'accommode tout entière aux désirs de son mari.

Et si tu passes ta vie sans femme, il te faut subir l'insolence des servantes, l'effronterie et le sans-gêne de tes gens, qui, quand tu pleures, rient, quand tu ries, sont tristes, si tu es riche rognent ton bien, si tu es pauvre te méprisent. On a toujours regardé comme meilleure et plus recommandable la vie de ceux qui ont choisi de se marier que celle de ceux qui se sont exemptés de mariage. Car certainement cela est plus utile et plus approprié pour une cité. Quant à moi, je trouve de jour en jour plus de consolation depuis que je vis en couple, et parfois je m'en veux d'avoir découvert si tard le droit chemin de la vie. Mais assez parlé de cela.

Tes présents ont été très bien accueillis par ma femme car ils sont jolis et magnifiques. Tu n'aurais pu m'être plus agréable. C'est certes un cadeau digne de son donateur et d'être offert non seulement à Poggio mais aussi à un homme plus important. Je te remercie en mon nom et en celui de ma femme, elle surtout te dit un grand merci, car elle s'est fait faire une chemise avec laquelle nous nous apprêtons à étrenner notre mariage. Porte-toi bien et ne m'oublie pas.

H. Harth, *op. cit.*, II, p. 249-250.

À Riccardo Petworth, le 28 avril 1438.

À Riccardo, secrétaire du cardinal de Winchester.
Mon très cher Frère.
J'ai reçu en même temps tes deux lettres qui m'ont fait très plaisir. Car tu m'as remis en mémoire, en les ressuscitant par tes lettres, bien qu'elles n'aient jamais disparu, nos anciennes habitudes et la douceur de notre vie, lorsque, en ayant fini avec nos soucis communs, nous bavardions ensemble. J'ai relu tes lettres avec un aussi grand plaisir que si je devisais avec toi.
Sache que ce que je t'ai écrit ailleurs au sujet de ma femme s'avère parfaitement. Je suis satisfait de mon sort, et cette épouse, au-delà de ce que je peux en dire, est plus charmante et plus agréable de jour en jour car il ne lui manque aucune des qualités requises chez une femme. Aussi, bien qu'il y ait désormais deux ans que je l'ai épousée, non seulement je ne m'en repens pas, mais je m'en réjouis plus chaque jour, non sans raison. Plus un bien est durable, plus il enchante. Oui, parmi tous les bienfaits des mortels, le plus grand appartient à ceux que Dieu favorise en leur donnant une épouse, et comme la bonté divine m'a fait cette faveur, je m'estime vraiment heureux, moi qui ai eu cette chance que nous voyons arriver à si peu de gens.
Je ne mens pas, cher Riccardo. Tu sais que je ne suis pas sans expérience ni ignorant du caractère féminin, pour que tu penses que j'aurais pu me tromper facilement. J'ai une belle jeune femme, réservée, sage, et plus savante en broderie que Pallas[9], m'obéissant si bien que

je me dis parfois qu'il m'a été accordé plus qu'il ne convient. Elle ne s'adonne à aucune légèreté, elle est plus volontiers à la maison que dehors, se moque des jours de fête comme du luxe féminin, si bien qu'on dirait que sa jeunesse a la raison d'un grand âge ; elle parle aussi comme il convient à une femme élevée par des parents nobles, et instruite à l'école poggienne. Je voudrais que tu sois ici en personne afin d'être témoin, par certains côtés, de la satisfaction que je tire d'elle. Mais ce qui me comble vraiment de joie, c'est qu'elle est déjà enceinte, si bien que j'espère devenir père avant six mois ; et tu n'as pas besoin de me conseiller de la mesure pour déployer les voiles[10]. Tu sais que je ne suis pas novice dans ce genre d'affaires. Depuis longtemps, grâce à une grande pratique en cette matière, je suis devenu comme le cheval que vous appelez chez vous « gopennigo », habitué aux étapes et aux voyageurs... *différents*. Je t'assure qu'elle m'a rendu beaucoup plus jeune que je n'étais auparavant, comme tous l'attestent et comme je le sens moi-même.

J'ai donné à ma femme deux des bourses que tu m'as envoyées : elles sont très belles et lui plaisent beaucoup. Je te remercie en son nom et au mien de ce beau geste amical.

[...] Je me repose des affaires, exempt de tout désir : aucune préoccupation, aucun souci d'argent ne m'astreignent. Je suis désormais dans une situation où, bien que l'espoir de gagner de l'argent me fasse défaut, j'en ai assez pour moi et les miens pour le reste de mes jours. Je suis toujours en train de lire ou d'écrire quelque chose qui concerne le mérite ou la vertu, moins cependant que je n'en avais l'habitude car je dois consacrer du temps à ma femme et à mon foyer. [...]

H. Harth, *op. cit.*, II, p. 308-309.

Cencio di Paolo de' Rustici à Poggio, le 15 octobre 1438.

Cencio salue bien Poggio, secrétaire de notre très saint maître le pape. Comme cela faisait longtemps que j'étais dans le palais papal avec des hommes sérieux et que la conversation était fortuitement tombée sur le bonheur humain, Antonio de Piscia annonça que tu avais eu de ta femme légitime un petit garçon, et assurément, cette nouvelle fut très agréable à tous ceux qui étaient présents : nous avons tous, te félicitant d'une seule voix, souhaité qu'il te soit un réconfort durable, un honneur et un soutien. Quant à moi, j'estime que cet enfant a un père très savant et d'une vie irréprochable, ainsi qu'une mère très honorable, ton épouse : nul doute qu'il est naturellement prédisposé à la sagesse, à la vertu, à des qualités privilégiées et aux mérites, lui qui sera élevé selon tes préceptes et tes habitudes, ainsi que ceux de ta femme. Il sera en outre éduqué à Florence, ville riche en talents, riche en savoirs, brillant par son commerce, si bien qu'elle surpasse dans tous les domaines toutes les autres ou du moins n'est surpassée par aucune, et fait bien voir qu'elle est la véritable fille et l'héritière du peuple romain ; je suis donc persuadé que cet enfant sera bientôt abondamment et généreusement paré de vertus et de savoirs. Il préservera les bonnes dispositions de sa nature, suivra spontanément les préceptes de ses parents, et s'attachera de bon gré aux mœurs et à la sagesse paternelles. [...]

H. Harth, *op. cit.*, II, p. 331.

À Riccardo Petworth, le 6 février 1439.

Poggio salue bien son cher Riccardo.

Il y a quelque temps, je t'avais envoyé une lettre de Ferrare ; j'ai quitté peu après la curie par crainte de la peste qui en faisait mourir beaucoup, pour aller avec toute ma famille dans mes pénates, où je suis resté plusieurs mois, vaquant à l'étude des belles lettres et revenant voir mes livres trop longtemps privés de leur adorateur. J'ai vécu dans un très grand repos, libéré de tout souci, sauf domestique, et encore, bien léger. J'étais en effet dans ma patrie, aussi riche que douce ; et ce qui me procure le plus de plaisir, c'est la maison que j'habite, construite par mes soins ; mes pensées étaient aussi toutes à la vertu, éloignées de tout désir de richesse. Rien n'avait assez de prix pour que je décide de le préférer à ma vie et à la tranquillité de mon esprit.

Entre-temps est survenue une nouvelle cause de réjouissance. Je t'avais écrit auparavant que ma femme était enceinte. Elle a accouché depuis, il y a quatre mois, d'un petit garçon tout mignon. J'ai tenu à te l'écrire puisque je sais que tu en éprouveras de la joie, en vertu de notre amitié. J'ai cependant reçu ce fils, sachant que Celui qui me l'a accordé peut me le reprendre quand il lui plaira. Aussi quand le créancier voudra réclamer ce qu'il a concédé comme prêt à l'emprunteur devrai-je me soumettre avec courage à la volonté de celui qui le demande. Je souhaite que cet enfant survive à ses parents, pour notre salut et le sien, et qu'il ne devienne pas inférieur à son père.

Porte-toi bien, frère très doux. Recommande-moi à notre Dieu commun. Salue mon père notre maître Nicolas dans tes conversations intimes, et remercie-le en mon nom pour le petit cadeau qu'il a envoyé à ma femme.

H. Harth, op. cit., II, p. 346.

À Antonio Loschi, le 22 octobre 1439.

[...] Tu demandes comment on va ici : « Comme on peut, comme on dit. » Moi, je prends du plaisir à la compagnie de mes livres. Ma femme et le joli petit garçon que Dieu m'a accordé habitent à la campagne avec le reste de la famille. Ma femme est également enceinte. On doit considérer ces joies comme si elles étaient étrangères et concédées à titre de prêt. Mon enfant si mignon m'apporte vraiment un réconfort unique ; mais ce qu'il en adviendra pour l'avenir, Celui qui me l'a concédé le sait. Vains et incertains sont nos espoirs, aussi faut-il les enfermer dans un espace réduit. [...]

H. Harth, op. cit., II, p. 356.

À Bartolomeo Guasco, automne 1439.

Poggio salue bien Bartolomeo Guasco. J'ai été tout à fait charmé par la lettre que tu m'as envoyée de Corse. Un passage me disait que tu n'as pas reçu ma lettre, l'autre annonçait que l'on t'avait marié pendant ton absence : tu me demandes à ce propos ce que je pense du mariage, et tu souhaites en même temps savoir quelle est pour ainsi dire la méthode à suivre pour vivre avec une femme. J'ai appris avec le plus grand déplaisir que ma lettre ne t'avait pas été transmise, mais ce dommage peut se réparer facilement. Je t'en envoie une copie, qui, bien que le thème en soit quelque peu léger, t'apportera pourtant quelque plaisir.

Mais si tu veux savoir ce que je pense de l'union conjugale, lis le petit livre que j'ai écrit récemment : *Un Vieux doit-il se marier ?*, dans lequel j'ai exprimé mon sentiment. En effet le mariage, non seulement utile, mais aussi nécessaire aux mortels (si nous ne voulons pas vivre à la manière des bêtes), je l'approuve vraiment, mais les femmes, pas vraiment. Certes, en théorie, le mariage est utile et moral, mais parfois les femmes sont inutiles et immorales ; car si elles sont pesantes, désagréables, pénibles, ou, le pire des maux, impudiques, il vaut mieux bien vivre seul que mal avec une autre. En effet, nous devons veiller à l'honneur et au repos de notre vie, et s'ils manquent, c'est sa femme, mais aussi la vie qu'on devrait abandonner.

Quant à moi, puisque tu veux le savoir, je me félicite de mon mariage jour après jour, grâce à la femme qui m'est échue, ou plutôt que j'ai choisie après réflexion, si bien qu'il n'y a rien jusqu'ici qui me conduise à en éprouver du regret. Aussi, quoique sa chacune plaise toujours à son chacun, ce n'est pas une raison pour la choisir au hasard, mais, à mon avis, elle doit être élue en tout état de cause. Quant à toi qui as dû accepter bon gré mal gré ce qu'on t'offrait, la chance pourra t'être plus utile que la réflexion. Mais cette réflexion pourra néanmoins être très profitable si ta femme est docile, s'accorde à tes injonctions et se plie à ta volonté. Car puisque tu réclames de moi des conseils sur de nombreux détails, je ne te répondrai que ceci : il y a des raisons d'un genre tel qu'aucune théorie ne peut les expliquer ; c'est l'expérience plus que la lecture qui te les fait connaître. Ainsi, de même qu'un habit ne va pas à tout le monde, de même il n'y a pas une unique raison de vivre avec une femme. Beaucoup ont besoin de douceur, beaucoup exigent de la sévérité. Celles qui sont un peu froides ne sont pas désagréables au lit, pour les plus chaudes on a besoin d'un peu plus d'eau pour étancher leur soif. Ainsi, à chacun d'explorer la nature féminine, d'estimer ses propres forces en prenant soin de se satisfaire plus que sa femme et de consulter plus ses propres forces que son appétit à elle ; enfin, ce que j'ai toujours fait, ne te fatigue pas trop en faisant l'amour, car on ne s'épuise pas si on ne s'adonne pas à des exercices superflus que les sages estiment devoir condamner. Sache en dernier lieu ceci de ton Poggio : dans toute affaire, et dans la conjugale qui nous occupe, ce n'est pas en apprenant ou en lisant, mais en agissant et en faisant des expériences qu'on peut acquérir du savoir-faire. Et si tu as besoin d'un conseil, celui qui t'a pourvu d'une femme t'instruira aussi des siens et te montrera ce que tu dois rechercher ou fuir. Car comme les conseils sont affaire de circonstances et doivent se prendre au jour le jour, on ne saurait les réduire à une formule infaillible, surtout sur ce sujet hasardeux où il est d'habitude difficile de légiférer et de prescrire. Porte-toi bien et aime-moi.

H. Harth, *op. cit.*, II, p. 353-354.

À Ludovico Scarampo, le 15 novembre 1442.

[...] Je rends grâce à notre Sauveur pour avoir permis à ma femme d'être sauve et en bonne santé et pour m'avoir comblé d'un quatrième enfant. J'espère que celui qui, dans sa miséricorde, m'a fait cette largesse, non seulement m'a accordé un fils, mais aussi qu'il sera source de joie pour son père. À Celui qui m'a fait ce don de décider s'il restera longtemps parmi nous. Du moins devons-nous espérer le meilleur, et supporter avec une âme égale ce qui pourra arriver ; entre-temps, quel qu'il soit, il convient de profiter du plaisir qui nous est donné. Recevoir des enfants n'est pas une petite affaire, on doit beaucoup l'apprécier, à tout âge, mais surtout dans la vieillesse qui, étant peu solide en elle-même, semble avoir besoin du soutien et du secours d'autrui. [...] On doit avoir grand espoir, de la part des enfants qu'on a engendrés, qu'ils vénèrent leurs parents qui ont eux-mêmes fait preuve d'une dette de piété envers ceux qui les ont mis au monde. Car, de même que certaines tares peuvent sembler héréditaires, comme les philosophes le disent, de même voyons-nous les germes de certaines qualités se transmettre aux enfants. Pour ma part, sachant quelle déférence et quelle piété j'ai eues envers ceux qui me donnèrent le jour, j'espère fermement que mes enfants aussi feront preuve d'une égale reconnaissance à mon égard. Cette raison surtout me réconforte, et je me réjouis de cette récente naissance d'une descendance dont je demande à Dieu qu'il fasse qu'elle me survive si elle et moi nous avons encore assez à vivre. Où que cela aboutisse, nous devons pendant ce temps nous réjouir et ne concevoir aucune peine par avance car elle est peut-être superflue.

J'ai voulu partager ce plaisir avec toi, car je sais que tu te réjouiras de mon bonheur autant que du tien, surtout en des circonstances si importantes. [...]

H. Harth, op. cit., II, p. 404-405.

À Francesco Lignamine de Padoue, le 15 novembre 1442.

J'aurais préféré pouvoir te communiquer la joie que m'a procurée la naissance d'un fils face à face et de vive voix plutôt que par lettre à un absent ; car tu aurais éprouvé avec moi un plaisir qui, partagé, n'en aurait été que plus grand et plus plein. Si en effet il nous est permis de se réjouir avec ses amis de quelque chose, c'est de celle-là surtout, qui concerne la conservation de notre nom et de notre mémoire ; d'autre part, j'aurais eu l'assurance grâce à toi que notre amitié s'accrût d'un lien encore plus sacré. Car, bien que notre affection ne puisse nullement se renforcer encore, un lien supplémentaire, religieux, pourrait la resserrer encore plus. Mais que ma lettre bavarde avec toi et te dise que ton Poggio a éprouvé une immense joie de ce fils qui, à ce qu'on dit (car ma femme est à la campagne) est plus beau que les autres, par la grâce de Dieu, et du fait surtout que ma femme est sauve, ce qui est par-dessus tout un bonheur rempli de tous les contentements. J'ai voulu brièvement te communiquer cela parce que je sais que tu as beaucoup d'amitié pour moi.

H. Harth, *op. cit.*, II, p. 406.

À Scipion Mainenti, le 15 novembre 1442.

Je t'ai récemment écrit une lettre, je pense que tu l'as reçue. Maintenant, je veux que tu participes à la nouvelle joie que Dieu m'as accordée. Sache que ta commère[11] nous a fait naître un enfant mâle, le treizième jour de ce mois et qu'elle se porte bien grâce à la bonté de Dieu. On raconte que l'enfant (car il est né à la campagne) est plus beau et plus charmant que les autres, ce qui me fait grand plaisir. J'en rends grâce à la miséricorde de notre Sauveur, qui m'a si généreusement accordé ce présent si bienvenu, et je prie pour qu'il nous soit conservé. Je t'ai communiqué cette nouvelle, afin que tu puisses prendre part avec moi à mon allégresse. Porte-toi bien, aime-moi et réponds à ma précédente lettre.

H. Harth, *op. cit.*, II, p. 407.

À Carlo Marsuppini, le 4 mai 1451.

Ayant entamé ma soixante-dixième année, mon très cher Carlo, j'ai eu un fils au mois de mai ; Dieu m'a accordé qu'il soit plus beau et plus fort que les autres que j'ai déjà, si bien qu'il semble presque que je l'ai fabriqué non à la légère, mais après un travail de longue haleine. Ce célèbre peintre que tu connais disait, parce qu'il avait des enfants laids, qu'il les fabriquait la nuit, alors qu'il peignait le jour. Moi, beaucoup plus prudent, ne connaissant rien à la peinture, la nuit, je procrée au bénéfice de la lumière qui permettrait aussi de peindre ; si bien qu'il arrive qu'on ait la faculté de modeler tout en gradant la possibilité de peindre. L'âge, en outre, me donne un avantage, qui m'a enseigné d'expérience la manière de fabriquer des enfants. Car tu sais qu'il est honteux pour un vieil homme de ne pas manier son art chaque jour plus habilement et de dépasser les débutants dans la science de cet art. C'est pourquoi il me semble que je peux désormais m'appliquer cette maxime : les armes le cèdent à la toge, quand la force physique du débutant est surpassée par la force morale du vétéran. C'est pourquoi je t'invite à m'imiter, afin de ne pas être le seul à défendre le prestige de la vieillesse. Mais je plaisante.

L'immense miséricorde de Dieu s'est manifestée à moi : Il m'a donné un charmant bébé et a conservé ma femme qui se porte bien. Je t'ai écrit cela comme à un autre moi-même, afin que, si l'on doit se réjouir de la naissance d'un fils, tu le fasses avec moi, mais au contraire si l'on doit philosopher à la manière des stoïciens qui pensent que seule, parmi les biens, la vertu mérite d'être enseignée, nous nous écartions un peu de cette philosophie et que nous nous réjouissions plus humainement, puisque nous en avons l'occasion, de cette naissance. [...] Car je ne suis pas certain de rester en vie assez longtemps pour pouvoir l'élever à ma façon, par de bons préceptes et de bonnes mœurs. Mais la grâce de Dieu assiste tous ceux qui espèrent en Lui. J'ai communiqué cela à notre cher Cosme que je sais ne pas moins se réjouir que moi de mes intérêts. Porte-toi bien et aime-moi.

H. Harth, op. cit., III, p. 117.

À Roberto Valturio, mi-décembre 1454.

[...] J'ai entendu dire que tu avais une jeune femme très belle, mais jusqu'ici stérile, ce dont je m'étonne assurément, car tu es dans la force de l'âge et que sa jeunesse est propice aux enfants. J'ignore à qui attribuer la faute, mais si le fruit manque, c'est celle soit du cultivateur soit du sol. Réveille-toi donc et ne montre ni à toi ni à elle que tes efforts n'aboutissent pas. Expérimente tous les chemins et explore les arguments qui te permettent d'avoir une descendance un à un. Je crains cependant que tu n'aies abordé par trop tardivement l'art de se conduire avec les femmes.

Tu me diras que j'ai pris une épouse assez tard ; mais moi je n'étais pas un novice dans le commerce avec les femmes, mais un vieil habitué. Chasse de ton lit les soucis trop pesants et les pensées pénibles. Car d'ordinaire ce qui arrive à un esprit gai et libéré de tout poids est bien plus valable ; mais fais tout avec modération et ne t'épuise pas. Car dans ce genre d'exercice la fatigue est inutile. [...] Porte-toi bien.

H. Harth, op. cit., III, p. 281-282.

À Guarino de Vérone, le 23 mai 1456.

Poggio salue bien Guarino de Vérone.

Entre autres choses, mon cher Guarino, je te crois heureux, et surtout parce que tu as des fils qui imitent la vertu paternelle, chose qui d'une part est un don de Dieu, d'autre part s'obtient par l'éducation domestique, mais aussi à cause des mœurs de ta ville, dans laquelle la jeunesse est éduquée loin des vices. Assurément, le plus grand encouragement à la vertu est de vivre avec ceux qui ne sont pas étrangers aux principes de cette vertu ; la plupart du temps, ce qui est utile pour acquérir la meilleure règle de vie, c'estt la qualité des fréquentations et des relations depuis la petite enfance. Mais dans cette cité où nous vivons, dans des mœurs si corrompues, dans une telle liberté de fauter, avec une jeunesse si dépravée, il est très difficile d'élever des jeunes gens de manière à ce qu'ils ne se laissent pas entraîner souvent à fauter par habitude. Nulle part ailleurs ne règne une aussi grande liberté de pécher pour les enfants et les jeunes gens ; en aucun lieu cet âge ne se soucie moins de la vertu.

J'ai un fils d'un bon naturel, et appliqué à étudier nos humanités, qui a entamé sa quatorzième année ; il a en

outre de bonnes habitudes, autant que le permet son âge qui ne nécessite pas d'éperons mais un mors. J'ai décidé, si tu es d'accord, de te le confier pour deux ans pour qu'il soit avec les autres qui vivent chez toi, et que tu sois pour lui un maître et un éducateur. Car je suis sûr que, s'il est loin de sa mère et des autres membres de la famille, que cela lui sera surtout utile pour acquérir le savoir et l'honnêteté. Aussi, à moins que cela ne t'ennuie, je te demande au nom de notre amitié de bien vouloir l'accueillir chez toi et de l'instruire de tes principes et qu'en dehors de ton enseignement, tu le traites comme un étranger et non comme mon fils. Car je désire qu'il apprenne à être soumis, non à donner des leçons, à obéir, non à commander ; ainsi, il est nécessaire de ménager son ardeur et de le retenir des excès de son jeune âge, afin qu'il se rende compte des incommodités de la vie plutôt que de ses commodités et qu'il connaisse plutôt le manque que le superflu. Je pourvoirai à la dépense comme les autres parents le font. Je te prie d'accorder cela à notre amitié, car je le souhaite vivement et tu ne pourras rien faire qui me soit plus agréable. Je ne l'éloigne pas parce qu'il est mauvais, mais pour qu'il évite cette corruption de notre époque, dans laquelle il est très difficile de conserver l'honneur et afin qu'il devienne meilleur tant en savoir qu'en pureté de mœurs. Je voudrais que tu m'écrives ton avis à ce sujet, bien que je sois déjà persuadé de la réponse.
Porte-toi bien et aime-moi comme à ton ordinaire.

H. Harth, op. cit., III, p. 405-406.

À Lorenzo Tirensi, hiver 1457-1458.

Je n'ai pas répondu à tes récentes lettres, homme très savant, alors que j'étais à Florence, à cause des soucis dans lesquels je me trouvais, dus à la maladie de ma femme. Après que je suis venu à la campagne, je les ai relues avec soin, elles m'ont beaucoup plu, parce qu'elles sont écrites avec la plus grande bienveillance, et pleines de ton affection pour moi. [...]

H. Harth, *op. cit.*, III, p. 474.

À Francesco Lignamine, avril-mai 1459.

Je ne t'ai pas écrit, révérend père, après mon récent retour de la ville parce que je pensais que tu irais à Mantoue avec le pape. Je désirais parler avec toi et te raconter beaucoup de choses, comme cela se fait d'habitude entre amis, quoique rien ne soit arrivé dans mes affaires qui semblât devoir être consigné dans une lettre, sauf la mort de ma femme, au sujet de laquelle j'ai jugé préférable de garder le silence de peur de raviver la blessure qu'elle m'a coûtée, qui est pour moi très lourde et très amère.

De fait, rien de nouveau ne s'est produit chez nous digne de l'écrire, si ce n'est la nomination récente d'Antonionus à l'archevêché de Florence, on pourrait à bon droit raconter beaucoup sur les qualités de cet homme, si quelqu'un voulait les recenser par écrit. [...]

H. Harth, *op. cit.*, III, p.474.

Lettres à propos
du *Discours en faveur du mariage*

À Galeotto Manfredi, printemps 1457.

Alors que j'étais récemment à Florence, un homme savant m'offrit de lire certains discours glorifiant le mariage que j'ai jugés, après lecture, l'œuvre de talents remarquables et d'hommes éloquents, et cependant plus succincts, à ce qu'il m'a semblé, que la dignité de ce sujet ne le réclamait. Aussi, comme j'étais à la campagne, il me revint à l'esprit que très souvent mes amis m'avaient demandé d'écrire quelque chose sur cette dignité du mariage. Estimant donc qu'il était inconvenant de me taire quand tant de textes divers étaient écrits par d'autres, j'ai voulu moi-même m'essayer à produire quelque chose à la louange du mariage. J'ai donc composé un petit discours dans lequel j'ai embrassé ses avantages, peut-être plus abondamment qu'il n'était nécessaire. Et cependant il ne me semblait pas que l'importance d'un tel sujet se contente de peu de mots ; car ou je me trompe ou le mariage ne peut être assez vanté au regard de son utilité et de son prestige. Je t'envoie ce petit discours, pour que tu le lises d'abord, quand tu seras de loisir, pour qu'ensuite, si ma contribution te paraît le mériter, tu puisses, toi ou ceux qui veulent, en tirer ce qui semblera défendre sa cause.

Je sais néanmoins que tu possèdes assez de savoir et d'éloquence, et que tu as été formé par un précepteur tel que tu n'as nullement besoin de mon aide pour n'importe quel louange ou éloge, puisque tu peux tirer de ton propre bagage des arguments plus forts et plus ornés. Et je ne t'envoie pas mon discours pour en faire valoir le prix, mais pour qu'il te serve en quelque sorte de thème pour écrire.

Quant à moi, je passe de nombreux mois à la campagne avec ma famille et je jouis d'un loisir qui n'est pas improductif, passant mon temps à lire ou à écrire.

Porte-toi bien et ne m'oublie pas.

H. Harth, *op. cit.*, III, p. 475-476.

À Francesco Marescalco, printemps 1457.

Comme je suis allé récemment à Florence, on m'a donné ta brève lettre dans laquelle tu t'étonnes que je n'aie pas répondu à la précédente. Avant que de partir pour la campagne avec ma famille, j'y ai répondu prestement, surtout au sujet de la religion du Fils, et je l'ai fait parvenir à l'adresse à laquelle mes lettres te sont envoyées d'habitude. Mais à la dernière des tiennes, je n'ai pas donné suite quand j'étais à Florence parce que je m'y trouvais pour peu de temps, et occupé de nombreuses affaires.

Je suis ensuite venu à la campagne, voisine de quatre mille pas de la ville, à l'endroit où j'ai fait construire une maison de villégiature. Le lieu est agréable, et l'air pur ; chaque jour je lis ou écris quelque chose, mais ce qui me tombe sous la main.

Écris-moi, je te prie, si Galeotto Faventino, le fils d'Astorgus, est à Ferrare. Car j'ai composé un petit Discours en faveur du mariage que je veux lui envoyer pour qu'il le lise. J'ai entendu dire en effet qu'on avait écrit beaucoup de traités sur ce sujet, j'en ai lu quelques-uns, et j'ai voulu moi aussi m'essayer à ce genre-là. Et si cela était en mon pouvoir, car je l'ai laissé à Florence il y a peu, je te ferais connaître ma contribution dans cette matière.

Porte-toi bien et recommande-moi du fond du cœur à notre évêque vénéré. Salue Guarino et les autres savants en mon nom.

H. Harth, *op. cit.*, III, p. 477.

Au même, printemps 1457.

J'ai reçu à la campagne ta lettre datée de trois jours qui me fut agréable, d'autant plus que je jouis d'une plus grande solitude qu'auparavant. Je la nourris exclusivement de lettres auxquelles je me consacre entièrement, si bien que je n'ai pas l'impression d'être seul. La vie que je mène serait très proche de la félicité si les mœurs de notre cité le permettaient. Mais je vis quotidiennement inquiet, incertain de ce qu'il adviendra de moi étant donné les vicissitudes de la fortune ; cependant j'ai confiance dans le pouvoir de Celui qui n'abandonne pas ceux qui espèrent en Lui.

Le petit discours dont je t'ai parlé, je te l'envoie avec la lettre que j'écris à Galeotto. Veille à ce que cette lettre lui soit bien remise avec le discours. Mais lis-le le premier, et si cela te paraît en valoir la peine, fais-le copier et partage-le avec l'évêque et l'archevêque, que je soupçonne d'être à Ravenne. C'est un excellent homme, qui m'aime beaucoup. S'il est à Ferrare, confirme-le moi, je te prie, car je lui écrirai quelque chose. Je pensais qu'il était à la curie, ou dans quelque charge au service du pape, qui aurait besoin d'hommes tels que lui. Recommande-moi à lui, je t'en prie, et écris-moi où est l'évêque de Mantoue et si tu as entendu dire qu'il reviendrait à la curie.

Salue notre Guarino, homme excellent et qui m'est très cher, que j'estime heureux tant pour sa vertu et sa loyauté que parce qu'il a élu domicile dans une patrie très paisible, et qui tient ses promesses, en sorte qu'il n'a rien à redouter du présent et de l'avenir.

Porte-toi bien et aime-moi.

H. Harth, *op. cit.*, III, p. 478.

À Galeotto Manfredi, été 1457.

Je t'ai envoyé récemment le petit discours que j'ai écrit en faveur du mariage et j'y ai joint une lettre succincte pour t'engager à me répondre. On m'a écrit que cette lettre t'est parvenue. Je suis forcé d'en douter. En effet je ne peux être porté à croire que toi qui es un jeune homme tout à fait cultivé et adonné à ces études qui d'ordinaire forment les hommes avant tout à la courtoisie et aux meilleurs usages, que tu n'aies pas voulu répondre, sachant que c'est moi qui t'ai encouragé à écrire, et que je traite ton père, homme éminent et très bon, avec la plus grande considération. À cela s'ajoute le fait que tu t'es consacré à l'enseignement d'un précepteur, qui est remarquable, entre autres qualités, pour son « humanité », au point que ce n'est pas tant son savoir que son affabilité, sa mesure, son aménité, sa réserve qu'il paraît inculquer à ses disciples, si bien que leur vie et leurs mœurs, aux antipodes du faste, de l'orgueil, de l'arrogance, reçoivent l'approbation générale. Quelle que soit la cause de ton oubli et de ton silence, fais-la moi connaître, je te prie, même brièvement, à moins que tu ne juges que ma lettre ne mérite pas de réponse. Si c'est le cas, même à présent, je n'ai cure que tu répondes. Porte-toi bien.

H. Harth. op. cit., III, p. 512.

Baldung Grien, *Hercule et Omphale*, 1533 (ENSBA)

Discours en faveur du mariage

Présentation

L'*Oratio in laudem matrimonii*[1] qu'on peut situer aux alentours de 1458, c'est-à-dire un an avant la mort de Poggio, traite du même thème que le dialogue de 1436, mais dans des termes tout à fait différents dus aux circonstances dans lesquelles il le composa. On a affaire ici à un discours officiel (Poggio est devenu un homme « public » important qui tient des charges dans sa cité) destiné à être prononcé devant une assemblée, et qui demandait un ton solennel, apprêté, bien éloigné du *sermo quotidianus*, de la conversation familière qui rendent si plaisante l'atmosphère d'*Un Vieux doit-il se marier* ? Il s'agit donc d'une entreprise purement rhétorique, un « essai » formel sur un sujet, apparemment florissant dans ces années, auquel Poggio voulait apporter sa contribution, qu'il destine à servir de modèle, pour des compositions similaires, d'abord à l'un de ses protégés, Galeotto Manfredi, un jeune disciple de Guarino, puis à tout un chacun pour tout mariage, bref, une sorte de discours tout prêt pour le magistrat, un exercice de style pour des mariés fictifs qu'il laisse au soin des auditeurs d'imaginer. La correspondance contemporaine à ce texte nous apprend en effet que de nombreux discours sur le mariage étaient parvenus jusqu'à Poggio qui trouva qu'ils n'honoraient pas assez brillamment un tel sujet et qui voulut y remédier. Toutes les allusions autobiographiques ont donc disparu au profit d'arguments plus généraux concernant la « vie civile » dont le mariage était un des piliers, ou d'ordre religieux (dimension tout à fait absente dans *Un Vieux...*), agrémentés, humanisme oblige, d'*exempla* antiques.

Si je pouvais faire preuve d'une éloquence digne des mérites exceptionnels du mariage pour le genre humain, pères très vénérables, je le ferais de bon gré, si je pouvais traiter un si grand sujet avec une abondance digne de son prestige ou s'il m'était accordé par mon discours de répondre à votre attente. Mais vu l'ampleur de la question, j'aurais besoin de plus grandes connaissances et d'une rhétorique plus fournie que les faibles capacités de mon talent n'en comportent, et de plus de temps pour mon exposé que ne le souffrent les conditions de ma prestation. En effet, le prestige, la supériorité, la vertu, l'autorité de la sainte institution sont tels que son excellence ne saurait à mon avis se contenter de quelques mots ou d'un style non travaillé. Cependant je m'attacherai autant que possible à faire en partie ses louanges en ménageant un équilibre pour respecter le temps qui m'est imparti et pour faire tenir un immense sujet dans les limites d'un bref discours.

Après avoir considéré les arguments, hommes très vénérables, avec lesquels il est préférable de commencer pour faire valoir le mariage, il me semble qu'il y en a trois qui fondent principalement ses qualités : son ancienneté, son prestige, son utilité, sur lesquelles, quand j'aurai dit peu de choses, j'aurai tout dit.

En premier lieu, l'antiquité du mariage, où il remonte, on le sait universellement puisqu'il fut contemporain du premier homme et à l'origine du genre humain. En effet, c'est de l'homme que la première femme a été créée et c'est à lui qu'elle a été unie dans le lien du mariage. Car quand Dieu, après avoir créé le ciel, la terre, les éléments, eut peuplé l'univers des différentes créatures, il a fait de l'homme le spectateur de toute cette création pour qu'il commande au reste des êtres vivants, le façonnant avec le limon de la terre, et lui a donné une femme, afin qu'ils fussent comme la semence de toutes les populations et des nations qui habitent la terre.

Quant au poids de cette ancienneté, quelle valeur on lui accorde, personne ne l'ignore s'il est sensé. Nous portons en effet une grande vénération pour les choses antiques et connues pour leur longue durée, et leur contemplation produit en nous la plus vive considération. Nous accordons certainement beaucoup d'honneur à ce qui est ancien. Nous vénérons en effet les plus âgés, nous leur cédons notre place et nous acceptons avec bienveillance qu'ils passent avant nous dans les honneurs et dans les charges, pourvu que cette vieillesse porte avec elle autre chose qu'un vieil âge et laisse entrevoir des années qui ont été rien moins que vaines. Les Spartiates attribuèrent une autorité particulière à la vieillesse et voulurent que tous la vénèrent. Car ils estimaient que les vieillards étaient les plus avisés du fait de leur expérience, les plus sages et d'un meilleur conseil ; c'est pour cette raison selon eux que le grand âge semble être particulièrement respectable et digne d'honneur. Un jour qu'à Athènes des orateurs lacédémoniens assistaient à un spectacle et qu'un vieillard, entré au théâtre, circulait autour des gradins bondés cherchant une place où s'asseoir et que personne ne s'était levé, un des orateurs, étonné que les Athéniens fissent si peu de cas du grand âge et que ce vieux n'eût été invité par personne, se leva et lui céda sa place en disant que les Athéniens savaient ce qu'il était juste de faire, mais qu'ils ne faisaient pas du tout ce qu'ils savaient[2]. Assurément il en est ainsi : tous sont portés à exalter et louer l'antiquité des choses et ils admirent éperdument ce qui semble porter la marque de la plus grande ancienneté. Quant aux antiques édifices désormais détruits et ravagés, les villes anciennes, les immenses temples désolés, les tombeaux rongés par le temps en tant qu'œuvres rendues sacrées par leur antiquité, nous les entourons de considération respectueuse, nous les considérons avec la plus grande admiration, et nous les glorifions, comme médusés. Très souvent j'ai parcouru Rome, rempli de ravissement par ses ruines qui reflètent clairement l'antique splendeur, et je méditais en moi-même quelle avait été leur grandeur et leur nombre quand elles étaient encore intactes, en voyant une telle masse de ruines survivantes. Tous sont charmés par l'ancienneté de leur famille et ils recensent avec un certain plaisir leur nom, qui a traversé les siècles, comme s'ils revendiquaient pour eux la plus grande louange conférée par leur ancienneté. C'est pourquoi les anciens Romains tenaient en honneur et en haute considération les portraits, les noms, les titres, les consulats, les commandements, les triomphes de leurs ancêtres, les exhibant dans la pompe de leurs funérailles et le riche appareil de leurs jeux. Car ils tiraient gloire et mérite de la mémoire et du respect de leurs ancêtres, à tel point que la seule mention de la vertu de leurs aïeux faisait briguer et obtenir les plus hautes magistratures même à ceux qui ne les méritaient pas.

La mémoire de ce qui est ancien est donc sacrée et l'on admet sans aucun doute que les années apportent avec elles l'autorité et le respect. Si en effet une ascendance vieille de plus de quatre cents ans ou davantage est très estimée et si nous admettons qu'elle contribue le plus souvent à une bonne réputation et à la gloire de la postérité, de quel honneur, de quelle considération, de quel respect ne convient-il pas d'entourer la mémoire du mariage ? Mariage qui, étant donné qu'il a tiré son origine du principe même du monde, de la création du premier homme, a toujours perduré pendant tant de milliers d'années, a été conservé par toutes les nations, même les barbares et les sauvages ? Si l'on trouvait un homme de la première génération, âgé de neuf cents ans, tout un chacun accourrait comme au spectacle le plus merveilleux et on l'entourerait des plus grandes marques de respect, comme une chose qui semblerait découler de la seule puissance divine. Le mariage, apparu il y a plus de six mille ans, œuvre du créateur tout-puissant, puisqu'il a une telle patine, pourquoi hésiterions-nous à lui accorder le plus grand prestige parmi les affaires des mortels ? Mais son usage fréquent et une pratique si galvaudée lui a fait perdre auprès du vulgaire presque tout souvenir de ce prestige. Pourtant il est vrai que tout le reste aussi disparaît et cesse pour être trop vieux. Car comme le dit Salluste, tout ce qui naît meurt et ce qui croît décroît[3], à chaque chose est assignée sa propre fin. Seul le mariage ne s'use pas et ne vieillit pas avec le temps, mais acquiert de la force en quantité et en qualité ; seule l'habitude du mariage est destinée à durer autant que le genre humain et le monde eux-mêmes, puisqu'elle ne se consume pas à cause de son âge ni ne vieillit à cause de son ancienneté, ni ne sera abolie par les années ou par le temps. On accorde donc au mariage beaucoup d'autorité et de prestige de par son âge, et on doit le louer, au-delà de ce que peut exprimer une brillante éloquence.

Examinons maintenant sa dignité si imposante, si remarquable, si excellente, qu'on ne peut pas en trouver ni en évoquer de plus grande. Car si d'ordinaire nous jugeons des œuvres admirables en fonction du talent du créateur et de l'ouvrier, et si on leur attribue autant de prestige que le savoir-faire et le prestige de cet artiste ont surpassé les autres, rien dans ce cas n'existe en ce bas monde qui puisse être comparé au prestige du mariage. Car c'est Dieu Lui-même, artisan de toute chose, qui excède le nom de toute vertu, Lui qui a tout créé à partir de rien, qui a institué et imposé la sainte institution du mariage ; ce sacrement, aussi nécessaire que vénérable, le Premier Il l'a fondé, le Premier Il l'a inventé. Car une fois l'homme créé, Il a tiré de sa côte la femme qu'Il a unie à son mari grâce à l'amour dans le mariage. Dans ces conditions, quelle dignité attribuerons-nous au prestige du mariage ? Autant bien sûr qu'à une chose qui a été inventée et parfaite par le Très-Haut. Assurément ce prestige est si grand que nulle éloquence, nulle abondance oratoire ne pourraient l'exprimer. Avouons donc que le mariage doive nécessairement à Son inventeur la suprême et la plus haute dignité. Car si ce qui est le fait de rois et de grands hommes est habituellement considéré comme grand et sublime, et si ce qui vient d'eux est plus agréable et estimable que ce qui vient de simples particuliers, puisque ce sont la vertu et le prestige du donateur qui sont à prendre en compte, qu'en est-il de l'estime du mariage, créé et institué par Dieu Lui-même, quel prestige, quel poids, quelle puissance doit-on penser qu'il confère ? Certes, de même que Dieu ne souffre aucune comparaison avec les hommes, de même ce qui est venu à la lumière grâce à Lui n'est nullement comparable, du point de vue du prestige, à ce qu'ont fait les hommes. La qualité du mariage doit être en fait considérée comme intrinsèque à Son créateur, et c'est la plus prestigieuse de toutes Ses plus grandes œuvres. Et ce prestige et cette autorité sont singuliers, qui font naître des enfants légitimes par un lien régulier, afin que ce que la nature ne peut exécuter, le sacrement du mariage l'achève : c'est là que se trouve sa principale dignité. Si vraiment dans les autres domaines c'est l'art qui imite et suit la nature, ici c'est l'art conjugal qui surpasse la nature elle-même. On peut ajouter à son prestige le fait que les mariages, chez les chrétiens, sont célébrés dans les temples et les églises comme un sacrement privilégié, de l'avis de tous. Il apparaît en effet comme quelque chose de sacré, tout à fait sérieux et fortement recommandable, puisque c'est dans les endroits saints et dédiés à Dieu que naît ce lien divin. Le jour même où ont lieu les noces, on a voulu que ce sacrement contracté ensemble par la bénédiction divine soit comme une chaîne commune à deux âmes. Et la foule qui se presse aux noces ? Les festivités, les jeux, la danse, les magnifiques vêtements ? Sont-ils la preuve que le prestige du mariage soit petit ? Et je dirais même qu'en nulle autre occasion la dépense ne peut être plus fastueuse, ni plus agréable, toutes choses qui font apparaître le mariage comme préférable à toutes les autres affaires humaines en prestige et en autorité. Bref, il fut l'œuvre de Dieu, affermi par l'usage de tous les peuples, et toujours entouré de la plus grande aura.

Désormais il me faut brièvement parler de l'utilité du mariage. Il faut avouer qu'elle est réellement très grande, et que sans elle aucun groupe, aucune société, aucune cité ni même le genre humain lui-même ne pourraient en aucune manière exister. Car sans le mariage, aucun amour qui soit constant, aucune affection solide, pas d'amitié, de vie civile, de foi durable, tous ces avantages que l'on trouve dans le lien sacré du mariage. Car depuis le commencement du monde, la création de l'homme, l'avènement du mariage chez toutes les nations et les peuples jusqu'à nos jours, on n'aurait pas accordé durablement autant d'honneur, de valeur, de prestige à ce lien si grâce à l'usage et à l'expérience on ne lui avait pas reconnu la plus haute utilité, telle que sans elle la vie serait impossible, et si on ne l'avait pas approuvé à l'unanimité ; d'où il s'ensuit que le mariage est une chose utile, et bien plus, nécessaire. Le censeur Metellus, homme très grave et très éminent, comme il exhortait le peuple romain à prendre femme, dit : « Si nous pouvions être citoyens sans femmes, nous nous passerions tous de ce fardeau. Mais puisque la nature a voulu qu'on ne puisse ni bien vivre avec elles ni vivre sans elles, il semble que nous devons nous occuper davantage de notre salut durable que d'un plaisir passager[4]. » Or si cet homme, un païen, a proclamé, alors qu'il ne connaissait pas la loi divine, que la nécessité des femmes était telle, que nous ne saurions nous en passer, nous qui sommes dévoués aux préceptes du Dieu véritable, que devons-nous penser à ce sujet ? Ainsi la nécessité du mariage apparaît telle qu'on ne peut la comparer qu'à un élément vital. Vous devez me concéder ce fait qu'on ne trouve rien de plus utile que la paix et la concorde, qui, là où elles font défaut, renversent et anéantissent forcément les affaires humaines. Il y a en outre des exemples des temps passés pour prouver quelle ruine la discorde apporte avec elle. Salluste dit aussi que les petites choses croissent dans la concorde, mais que dans la discorde, les grandes périssent[5], car beaucoup d'horribles forfaits lui font cortège. Nous lisons et savons que la discorde a perdu des royaumes ; assurément, un grand nombre de gouvernements a été anéanti par la discorde intérieure plus vite que par une guerre étrangère. Aucune maison, aucune société, aucune assemblée humaine ne peut subsister parmi les dissensions. Par conséquent force est de constater la toute puissance de la paix et de la concorde, puisqu'elles maintiennent tout. Et il vraiment facile de voir quelle grande paix et quelle grande concorde se trouvent dans le mariage. Le fait est qu'il n'y a pas de meilleur gage de concorde que le mariage, qui unit deux âmes, deux caractères, au point de ne faire qu'un de leurs volontés et leurs refus. Il unit en effet une femme à un homme en sorte qu'on estime, au témoignage de l'Écriture[6], qu'ils ne font plus qu'une seule chair. Et ce n'est pas seulement entre deux êtres qu'existe cette union sacrée dont on ne trouve pas de plus excellente et elle ne contribue pas au seul accord, à la seule paix du foyer, mais, réunissant les royaumes, les rois, les princes ennemis et belligérants au sein de l'amitié, elle supprime les guerres, règle les différends, apaise les haines, et renferme des avantages mutuels en tout. Et de fait nous savons que c'est grâce à des mariages que des dissensions ont disparu, que des combats se sont apaisés, que des guerres fort meurtrières se sont éteintes, que la paix s'est conclue entre des ennemis irréductibles. Le lien du mariage est donc tout à fait sacré parce qu'il engendre la paix, conserve la concorde, dispense le repos, engage les esprits à plus de bienveillance chaque jour. Et cela ne doit sembler étonnant à personne. Puisque ce sacrement qui unit l'homme à la femme en vue d'un soutien commun, fut le premier à être institué par Dieu. Si l'habitude, la société, la coutume, des devoirs réciproques engendrent entre les mortels l'affection qui prépare notre vie à tous les aléas, combien rare, utile, nécessaire, désirable est cette union par le mariage sacré qui contient la paix, la concorde, le repos, l'affection grâce à laquelle nous cultivons l'amitié, qui nous rend heureux par une tendresse partagée, par quoi nous sommes charmés de nos mérites réciproques.

Les autres relations et les autres associations, éphémères, disparaissent ; une légère offense peut d'aventure détruire une complicité ancienne ; même l'amitié entre parents, on la voit s'émousser. Nous constatons bien souvent que la bienveillance laisse place à la haine. Tout le reste de nos affaires tend au litige, aux querelles, à la médisance, aux controverses, à tel point que tout semble être pris en son temps, et abandonné en son temps. Quant au mariage, il a une telle puissance, c'est un tel lien, si constant, que l'amour augmente avec le temps, que l'habitude lui donne sa force, que la tendresse réciproque le vivifie, que nul différend n'en entame l'affection, que l'attachement n'est pas soumis aux vicissitudes du temps. Demeure au contraire toujours inébranlable ce souvenir d'un engagement sacré cultivé entre deux êtres comme l'œuvre divine la plus sublime.

Mais on me dira que certains mariages engendrent des discordes, des ressentiments, des querelles, des haines. Or ce n'est pas le mariage le coupable, mais bien la nature perverse de l'un ou de l'autre. Le sort attribue parfois aux femmes des hommes malhonnêtes, criminels, impies, méchants, adonnés à tous les vices ; les hommes, eux aussi, peuvent tomber sur des femmes d'une nature difficile, perfides, infidèles aux lois du mariage. Et ce qu'il faut critiquer, ce n'est pas la qualité du mariage, mais les vices, condamnables, qui existaient même avant ce mariage. Celui-ci n'a donc rien de mauvais en soi, si l'on transforme l'excellence d'une bonne chose en en faisant mauvais usage. Le caractère de ce lien sacré reste intact et pur, sa splendeur brille même pour les méchants, comme les rayons du soleil fixés sur un lieu obscur.

Bien des exemples de foi conjugale conservée jusqu'à la mort peuplent notre histoire. Bien des épouses ne s'épargnèrent ni les tortures ni la mort pour sauver leur mari, et puisque je pense que vous les connaissez, je ne les évoquerai pas plus longuement. Cependant permettez que je ne taise pas un exemple contemporain. Comme je me trouvais à Bologne pour y étudier, un jeune homme condamné à mort devait être conduit au supplice le lendemain. La nuit précédente, sa femme supplia avec force larmes le gardien de la prison de lui permettre, ainsi qu'à son fils, de passer la nuit avec son père et de le consoler parce qu'il n'avait plus que quelque temps à vivre. Celui-ci, ému par la pitié, avait fait entrer l'épouse avec le petit garçon ; alors, à la pointe du jour, l'homme, ayant revêtu l'apparence de sa femme, comme une épouse gémissante, simulant beaucoup de lamentations et de cris de douleur, alors que sa femme restait sur son lit, sort de sa geôle avec son fils, sans donner de soupçons au gardien, et, sur le chemin de sa demeure, fuit aussitôt. Comme l'heure du supplice était venue, les licteurs trouvèrent dans la prison la femme à la place du mari[7]. Une fois l'affaire ébruitée, tous de s'étonner de la si grande fidélité d'une femme qui s'était destinée à une mort certaine pour sauver son époux ; le cas fut porté devant le juge qui se posa la question de la peine à appliquer, enfin, un décret du premier magistrat libéra cette femme de toute poursuite. Ô amour singulier, pères très vénérables, ô attachement rare, ô foi féminine mémorable pour les siècles à venir ! Ô exemple de dévouement recommandable à la mémoire et aux annales de la postérité ! Ô lien du mariage qu'on doit exalter avec les plus hauts éloges ! L'Histoire ancienne recense seulement trois cas semblables. Les tragédies mettent en scène la mort d'Oreste et Pylade, qui voulaient se sacrifier l'un pour l'autre : quelle mort a été plus illustrée par la fable grecque et plus célébrée par les histoires ? Rappellerai-je les modèles de foi conjugale qu'on trouve chez Valère Maxime[8] ? Je peux avec raison donner bien des exemples de foi et de véritable loyauté dans les seuls mariages que dans les autres relations et actions humaines, tous éminents et sublimes, ce qui doit nous faire reconnaître clairement qu'il n'est rien de plus saint, de plus parfait, de plus utile au genre humain que la foi conjugale. Et pourtant les barbares la méprisent parfois ; la faute n'en revient pas au mariage, mais à une nature cruelle et à des mœurs sauvages. Ils ne cherchent pas non plus à vivre sous des lois, ni la sagesse ou l'étude des arts libéraux : car ils ne connaissent pas le vrai Dieu, ceux qui, comme ils se regardent comme sages, sont devenus fous et se sont égarés dans leurs raisonnements[9]. En revanche le saint caractère de ce sacrement doit être préservé par les fidèles de Dieu, et les modèles d'une vie droite doivent être observés chez eux, qui considèrent la foi conjugale comme sacrée et sa loi sans tache.

Les nations barbares, adonnées au plaisir des sens, ignorant la foi, le plaisir leur tient lieu de loi et la volupté de raison. Mais nous, baignés de lumière divine et de la grâce du ciel, nous devons nous conformer aux commandements et à la règle de Celui d'où découle le principe d'un si grand bien. Nous Lui sommes d'autant plus redevables que les bienfaits qu'Il nous a prodigués sont plus grands pour nous que pour tous les autres. Car c'est Lui-même qui a institué le mariage et nous a donné un modèle à imiter afin que, par la vertu du mariage, liés à un engagement inviolable, nous nous soutenions par des devoirs mutuels et que nous profitions des plus grands avantages de la vie. En effet, quelle vie les hommes mèneraient-ils sans le mariage ? Ou, s'il disparaissait, quelle paix, quelle fraternité, quel accord y aurait-il entre les hommes ? Évidemment, la vie des mortels serait pareille à celle des bêtes sauvages qui suivent leur instinct au hasard, qui se battent pour la femelle. Dans ce cas, l'utilité du mariage n'apparaît pas mince puisque nous reconnaissons notre propre descendance et que nous retrouvons notre image dans nos enfants, en tant qu'ils sont notre ouvrage, la nature nous invitant à les chérir et nous poussant à leur donner une éducation. Car aucun doute n'est attaché à une descendance qui ne naît et n'est pas reconnue au hasard, chacun en prend soin et elle nous donne du plaisir. Mais il n'en va pas de même quand nous nous adonnons à la Vénus vagabonde et que nous faisons naître une descendance douteuse.

Et que rien ne lie autant des gens qui ne se connaissent pas que cette très grande sympathie, c'est une chose admirable et qui procure des avantages réciproques. Car quand un homme a appris qu'on lui a attribué une épouse et une femme un mari, aussitôt l'un incline à aimer l'autre et est enflammé du désir de voir celui qu'on lui a promis pour conjoint.

Je pourrais énumérer bien plus de vertus qui font cortège au mariage si je ne craignais que mon discours ne fût trop long : l'honnêteté qui est toute la parure du mariage, la réserve, qui est son plus grand honneur, la chasteté, qui ne compte pas pour rien dans son éloge, la mesure, qui permet de modérer le plaisir. Mais en vérité mon désir de faire l'éloge du mariage m'a amené à être plus long que ce que j'avais prévu, et quoique j'en aie dit peu par rapport aux mérites du sujet, je vais terminer. Votre présence me conseille à présent, hommes très éminents, d'intégrer à mon discours les louanges de ceux dont on célèbre le mariage. J'ai pensé que ce serait tout à fait superflu, puisque vous les connaissez bien, et que leur naissance, leur noblesse, leur prestige, leur vertu à tous deux, tout le monde sait qu'on les a proclamés ; ensuite parce que je craindrais que si je le fais trop brièvement, mon discours ne satisfasse pas les auditeurs et que j'estimerais, si j'avais fait leurs louanges en leur présence, avoir joué le rôle d'un flatteur puisque selon l'avis d'Aristote, louer quelqu'un en sa présence est le fait d'un flatteur[10], alors que ce défaut fut toujours étranger à mes habitudes. Je vous laisserai juges de l'importance et de la qualité des éloges à leur attribuer. J'ai dit. À la grâce de Dieu.

Appendice

Les *exempla* antiques

Au cours de sa justification, Poggio cite des *exempla* tirés de la vie des grands hommes qu'il admire et dont certains (Cicéron et Caton) se marièrent aussi avec des jeunes filles, ce qui était un fait plus que courant dans l'Antiquité : ces noms célèbres apparaissent pour défendre l'idée selon laquelle le mariage n'empêche pas la création littéraire, et même, s'accorde à une vie de philosophe. C'est en gros ce que répète Socrate à qui veut l'entendre, même si Xanthippe passait pour fort acariâtre ; la légende s'empara assez vite de ce couple qui perdurera (mentionné par Jacques de Vitry au XIIIe siècle) et sera particulièrement goûté à la Renaissance. Un des aboutissements iconographiques célèbre en est le dessin de Baldung Grien, *Phyllis et Aristote*, où l'on voit le philosophe à quatre pattes chevauché par une jeune femme qui le tient en bride, image de l'emprise de la séduction féminine sur l'intellect masculin.

Cicéron est également cité : en 46 av. J.-C. il divorça en effet d'avec Terentia avec qui il avait vécu trente ans. Tous ses amis songèrent alors à le remarier ; il refusa d'abord un parti brillant et répondit à Atticus (XII, 11) : « Au sujet de la fille du Grand Pompée, je t'ai écrit qu'en ce moment je n'y pense nullement ; quant à l'autre, celle dont tu me parles [Hirtia, la sœur du lieutenant de César], je pense que tu la connais : je n'ai jamais rien vu de si hideux ! Mais j'arrive, je te parlerai donc de vive voix. » Il s'agissait de son projet, réalisé un mois plus tard, d'épouser sa jeune pupille Publilia[1], seize ans (certains disent quatorze), alors qu'il en avait soixante. Son ancienne femme clama à l'envi que le philosophe avait succombé à la beauté physique de la jeune fille, mais Tiron, son secrétaire, avança des motifs financiers : elle était bien dotée ! Cette disculpation ne laisse pas d'être surprenante. Vraisemblablement, Cicéron n'était pas alors en mesure de rendre sa dot (qu'il avait en usufruit) à la jeune femme et préféra l'épouser. Il s'en sépara en 45, quelque temps après la mort de sa fille Tullia, qu'il adorait[2].

Poggio cite Sénèque : il pense sans doute à Sénèque le Père, qui se maria avec une jeune fille, Helvie, avec qui il avait plus de trente ans de différence (c'est son extrême jeunesse qui permet approximativement de dater la naissance de leur fils, le Philosophe, qui ne peut être né avant les seize ans de sa mère) et qu'il chérissait. Mais l'ordre dans lequel ce nom apparaît sous sa plume tend à faire croire qu'il s'agit de l'*exemplum* de Sénèque le Philosophe ; il pense sans doute à l'une des pages les plus célèbres de Tacite, sa mort (« la plus belle de l'Antiquité » avec celle de Pétrone) dans laquelle sa femme Pauline voulut l'accompagner. « Lorsqu'il eut tenu ces propos et d'autres semblables, adressés à tous, il prend sa femme dans les bras et, en dépit de la force d'âme dont il faisait preuve, quelque peu ému, lui demande, la prie de modérer sa douleur, de ne pas s'y complaire à jamais, au contraire, en gardant sous les yeux sa vie, tout entière de vertu, de trouver au regret de son mari des consolations honorables. Elle, au contraire, lui assure qu'elle est bien résolue à mourir et elle demande quelqu'un pour la frapper. Alors Sénèque, ne voulant pas la priver de cette gloire, et en même temps poussé par l'affection, pour ne point l'abandonner, elle qu'il aimait plus que tout, aux coups de l'injustice, lui dit : "Je t'avais montré ce que la vie peut avoir de douceur, toi, tu préfères la gloire de mourir ; je ne te priverai pas de donner un tel exemple. Que la fermeté dont témoigne une fin si courageuse soit pareille de ta part et de la mienne, mais qu'il y ait plus d'éclat dans ton départ, à toi, dans cette vie !" Après quoi, d'un même coup, ils s'ouvrent le bras. Sénèque, comme son corps, âgé et affaibli par la frugalité de son régime, ne laissait couler le sang que lentement, s'ouvrit aussi les veines des jambes et des jarrets ; épuisé par des souffrances terribles, et pour ne pas briser, par ses propres douleurs, le courage de sa femme et de crainte qu'en voyant ses tourments à elle il ne finisse par manquer de fermeté, il la décide à se retirer dans une autre chambre. » Néron intervient alors « pour ne pas accroître sa fâcheuse réputation de cruauté » [on notera au passage toute l'ironie tacitéenne] et, afin de l'empêcher de mourir, on lui bande les bras. Vient alors cette petite remarque à propos de Pauline : « Il ne manqua pas de gens pour se persuader que, tant qu'elle craignait que Néron fût implacable, elle voulut s'assurer la gloire d'avoir accompagné son mari dans la mort [bel exemple de bienveillance populaire], puis, lorsque lui fut offert un espoir moins cruel, elle se laissa vaincre par les attraits de la vie. À cette vie, elle ajouta un petit nombre d'années, gardant fidèlement le souvenir de son mari, son visage et son corps blêmes, d'une pâleur qui prouvait qu'elle avait perdu beaucoup de son souffle vital[3]. »

Poggio avait pu lire l'anecdote à propos du mariage de Caton l'Ancien dans Plutarque (dont son ami Guarino avait traduit plusieurs *Vies*) qui s'y attarde assez longuement pour la saveur d'un bon mot. « Il résista longtemps, car il était solidement bâti, et son corps était plein de vigueur et de force, si bien que, même vieux, il avait souvent commerce avec une jeune femme et qu'il fit un mariage à un âge peu convenable, pour le motif suivant : ayant perdu sa femme, il avait donné en mariage à son fils la fille de Paul-Émile, la sœur de Scipion, quant à lui, comme il était veuf, il voyait en cachette une petite esclave qui couchait avec lui. Mais dans une petite maison habitée par une jeune femme, la chose ne passa pas inaperçue, et un jour que la petite esclave passait d'un air arrogant, avec un air effronté devant la chambre du jeune Caton, il ne dit rien, mais, se détournant, lui jeta un regard assez noir qui n'échappa pas au vieillard. Jugeant donc que cette situation était considérée comme fâcheuse par les jeunes mariés, il ne se plaignit pas, ne reprocha rien mais, descendant au forum avec des amis, comme à son habitude, il apostropha d'une voix forte Salonius, un de ses anciens greffiers adjoints qui s'y trouvait et l'escortait, et lui demanda s'il avait promis sa fille à un jeune homme. L'homme lui répondit qu'il ne faisait rien sans lui demander d'abord son avis : "Eh bien moi, dit Caton, je t'ai trouvé un gendre convenable, à moins que, par Jupiter, son âge ne te convienne pas. Pour le reste, rien à redire, mais il est assez vieux". Salonius le pria donc de s'occuper de l'affaire et de donner à la jeune fille l'homme de son choix puisqu'elle était sa servante et qu'elle avait besoin de sa sollicitude. Alors Caton sans plus attendre dit qu'il demandait la jeune fille pour lui-même. Tout d'abord, évidemment ces paroles surprirent l'autre : d'un côté Caton avait dépassé l'âge de se marier, de l'autre lui était loin de prétendre à une alliance avec une maison de rang consulaire et triomphale. Mais voyant que Caton était sérieux, il s'en réjouit et accepta, puis, sitôt descendus au forum, ils conclurent les fiançailles. [...] De ce mariage, Caton eut un fils, qui reçut pour nom celui de sa mère, Salonianus[4]. »

Poggio connaissait très certainement la correspondance de Pline le Jeune qui aurait tout autant servi son propos : Pline épousa en effet en troisièmes noces Calpurnia, fille d'un habitant de Côme, bien plus jeune que lui, semble-t-il, et avec qui il fut très heureux si l'on en croit la tendresse qui se dégage de certaines lettres. Il fait ainsi son portrait : « Elle a beaucoup d'esprit, beaucoup de sagesse, elle m'aime, ce qui est un gage de sa vertu. Elle ajoute à ces qualités le goût des belles lettres, qu'elle a conçu en m'aimant. Elle tient mes livres, ne cesse de les lire, les apprend même par cœur. Quelle angoisse est la sienne quand je m'apprête à plaider, et, quand je l'ai fait, quelle joie ! Elle charge quelqu'un de venir lui rapporter quelles réactions, quels applaudissements j'ai suscités, quel succès j'ai remporté. Lorsque je donne une lecture publique, elle s'assied à proximité, cachée derrière un rideau, et guette avidement les compliments qui me sont adressés. Quant à mes vers, elles les chante, s'accompagnant de la cithare, n'ayant reçu de leçons d'aucun artiste, mais de l'amour, le meilleur des maîtres. Tout cela me conduit à espérer que notre entente durera toujours et grandira de jour en jour. Car ce qu'elle aime en moi, ce n'est ni ma jeunesse, ni mon corps, qui dépérissent peu à peu, et déclinent, mais ma gloire[5]. »

Ce n'est pas le mariage avec une femme plus jeune, mais plus vieille qui est mis en cause par Plutarque dans son *Dialogue sur l'amour*, dans lequel les mérites de l'amour hétérosexuel et homosexuel sont comparés. Le débat est repris dans le célèbre florilège d'Athénée de Naucratis au livre XIII du *Dîner des sophistes*. Au cours de ce banquet de savants réunis chez un riche Romain, Laurentius, il est beaucoup question des femmes en général, des courtisanes, des gitons ; chacun y va de sa citation ou de son bon mot pour nous livrer « le meilleur sur le sexe faible ».

[7] Alors Léonidès, qui réprouvait le nom de femme mariée, se mit à réciter les vers suivants, des *Devins* d'Alexis :

« Malheureux que nous sommes, <...> qui avons vendu l'indépendance de notre vie et son agrément. Nous vivons esclaves de nos femmes, nous qui étions libres. Et puis, est-ce vraiment une dot, n'est-ce pas plutôt un honneur que nous supportons ? Oui, amer punition, lourd de fiel féminin ? Car celui des hommes est, près celui-là, du miel[6]. » [...]

Xénarchos dit, dans son *Sommeil* :

« Les mâles des cigales ne sont-ils pas heureux, eux dont les femelles n'ont aucune espèce de voix ? »

Philétairos, dans son *Hymne à la Corinthienne* :

« Ô Zeus, comme elle a le regard tendre et languissant ! Ce n'est certes pas sans raison qu'il y a partout un temple de l'Aphrodite Courtisane, et qu'il n'y en a nulle part en Grèce de l'Aphrodite Conjugale[7]. »

Voici d'Euboulos, dans *Chrysilla* :

« Qu'il meure de male mort, le méchant qui prit femme deux fois ! Pour la première, je ne dirai pas de mal de lui. Car il ne connaissait pas, je pense, le mal que c'est. Mais, pour l'autre, il savait quel mal c'est qu'une femme[8]. »

Et d'Antiphanès, dans *Philopatôr* :

« Il s'est marié, n'est-ce pas ?
– Que dis-tu ? Vraiment ? Il s'est marié ? Lui qui était si bien vivant et qui se promenait quand je l'ai laissé ? »

De Ménandre à présent, dans son *Arréphoros* ou sa *Joueuse de flûte* :

« Ne te marie pas si tu gardes bien toute ta raison. Ne quitte pas ta vie. Je me suis marié, moi aussi. C'est pourquoi je te conseille de ne pas te marier.
— L'affaire est résolue. Le dé en soit jeté !
— Va donc jusqu'au bout, et puisses-tu te sauver ! À présent, c'est dans une vraie mer de tracas que tu te vas te jeter. Oh ! elle n'a rien de la mer de Libye, ni de l'Égée <...>. Là, sur trente barques, il ne s'en perd pas trois. Mais du mariage, en règle générale, il n'en réchappe pas un seul homme[9]. »

Enfin, Carcinos, le Tragique, dans sa *Sémélé* qui commence par « Ô nuits», s'écrie :

« Ô Zeus ! À quoi bon dire du mal des femmes ? Ne suffirait-il de dire que c'est une femme ?
Sans y prendre garde, ceux qui épousent des femmes jeunes quand ils sont âgés se jettent d'eux-mêmes dans un malheur qui leur crève les yeux. Et pourtant le poète de Mégare [Théognis] les a prévenus :
"Non certes, une femme jeune n'est pas un bienfait pour un homme vieux.
Car elle n'obéit pas au gouvernail comme une barque. Il n'y a pas d'ancres qui la retiennent. Et souvent, brisant ses amarres, elle gagne, les nuits, un autre port". »

Et Théophilos a dit dans *Néoptolème* :

« Une jeune femme n'est pas un bienfait pour vieillard. Elle n'est pas comme une barque. Elle n'obéit pas le moins de monde à son gouvernail. Et, brisant son attache, la nuit, elle cherche à un autre port[10]. »

Et chez les Modernes...

Rabelais :

« Coqüage est naturellement des apennages de mariage[11]. »

Panurge le bon topicqueur :

« Seigneur vous avez ma deliberation entendue, qui est ma marier, si de malencontre n'estoient tous les trous fermez, clous et bouclez ; je vous supply, [...] dictez m'en vostre advis.

– Puis (respondit Pantagruel) qu'une foys en avez jecté le dez et ainsi l'avez decreté et prins en ferme deliberation, plus parler n'en fault, reste seulement la mettre à execution.

– Voyre mais (dist Panurge) je ne la vouldrois executer sans vostre conseil et bon advis.

– J'en suis (respondit Pantagruel) d'advis, et vous le conseille.

– Mais (dist Panurge) si vous cognoissiez que mon meilleur feust tel que je suys demeurer, sans entreprendre cas de nouvelleté, j'aymerois mieulx ne me marier poinct.

– Poinct doncques ne vous mariez, respondit Pantagruel.

– Voire mais (dist Panurge) vouldriez vous qu'ainsi seulet je demeurasse toute ma vie sans compaignie conjugale ? Vous sçavez qu'il est escript : *veh soli*. L'homme seul n'a jamais tel soulas qu'on veoyd entre gens mariez.

– Mariez-vous doncq, de par Dieu, respondit Pantagruel.

– Mais si (dist Panurge) ma femme me faisoit coqu, comme vous sçavez qu'il en est grande année, ce seroit assez pour me faire trespasser hors les gonds de patience. J'ayme bien les coquz, et me semblent gens de bien, et les hante voluntiers, mais pour mourir je ne le vouldroys estre. C'est un poinct qui trop me poingt.

– Poinct doncques ne vous mariez (respondit Pantagruel), car la sentence de Senecque est veritable hors toute exception : ce qu'à aultruy tu auras faict, soys certain qu'aultruy te fera. [...]

– Voyre mais puis que de femme ne me peuz passer en plus qu'un aveugle de baston (car il fault que le virolet trote, aultrement vivre ne sçauroys), n'est ce le mieulx que je me associe quelque honneste et preude femme, qu'ainsi changer de jour en jour avecques continuel dangier de quelque coup de baston, ou de la verolle pour le pire ? Car femme de bien oncques ne me feut rien. Et n'en desplaise à leurs mariz.

– Mariez vous [doncq], de par Dieu, respondit Pantagruel.

– Mais si (dist Panurge) Dieu le vouloit, et advint que j'esposasse quelque femme de bien, et elle me bastist, je seroys plus que tiercelet de Job, si je n'enrageois tout vif. Car l'on m'a dict que ces tant femmes de bien ont communement maulvaise teste, aussi ont elles bon vinaigre en leur mesnaige.

Je l'auroys encores pire, et luy batteroys tant et trestant sa petite oye, ce sont braz, jambes, teste, poulmon, foye et ratelle, tant luy deschicqueterois ses habillemens à bastons rompuz, que le grand Diole en attendroit l'ame damnée à la porte. De ces tabus je me passerois bien pour ceste année, et content serois n'y entrer poinct.

— Poinct doncques ne vous mariez, respondit Pantagruel. »

Le Tiers Livre, IX.

« Je t'entends (dist frere Jan) mais le temps matte toutes choses. Il n'est le marbre ne le porphyre qui n'ayt sa vieillesse et decadence. Si tu ne en es là pour ceste heure, peu d'années après subsequentes je te oiray confessant que les couilles pendent à plusieurs par faulte de gibbessiere. Desjà voy je ton poil grisonner en teste. Ta barbe, par les distinctions du gris, du blanc, du tanné et du noir, me semble une Mappemonde. Reguarde icy : voy là Asie ; icy sont Tigris et Euphrates ; voy là Afrique ; icy est la montaigne de la Lune. [...] Par ma soif, mon amy, quand les neiges sont es montaignes, je diz la teste et le menton, il n'y a pas grand chaleur par les valées de la braguette.

— Tes males mules (respondit Panurge). Tu n'entends pas les Topiques. Quand la neige est sus les montaignes, la fouldre, l'esclair, les lanciz, le mau lubec, le rouge grenat, le tonnoire, la tempeste, tous les Diables sont par les vallées. En veulx tu veoir l'experience ? Va on pays de Souisse et consydere le lac de Vunderberlich, à quatre lieues de Berne, tirant vers Sion. [Tu me reproches mon poil grisonnant et ne consyderes poinct comment il est de la nature des pourreaux, es quelz nous voyons la teste blanche et la queue verde, droicte et viguoureuse.] [...] Je crains que, par quelque longue absence de nostre roy Pantagruel, au quel force est que je face compaignie, ma femme me face coqu. Voy là le mot peremptoire ; car tous ceulx à qui j'en ay parlé me en menassent, et afferment qu'il me est ainsi prædestiné des cieulx.

— Il n'est (respondit frere Jan), coqu qui veult. Si tu

est coqu, *ergo* ta femme sera belle ; *ergo* tu seras bien traicté d'elle ; *ergo* tu auras des amis beaucoup ; *ergo* tu seras saulvé. [...] Viens ça, couillaud ; aimerois tu mieulx estre jalous sans cause que coqu sans congnoissance ?

— Je ne vouldrois (respondit Panurge) estre ne l'un ne l'autre [...] Ma foy, frere Jan, mon meilleur sera poinct ne me marier. Escoute que me disent les cloches, à ceste heure que sommes plus près :

> *Marie poinct, marie poinct,*
> *poinct, poinct, poinct, poinct.*
> *Si tu te maries,* — *marie poinct, marie poinct,*
> *poinct, poinct, poinct, poinct,* —
> *tu t'en repentiras, tiras, tiras ;*
> *coqu seras.*

Digne vertus de Dieu, je commence entrer en fascherie. Vous aultres, cerveaulx enfrocquez, n'y sçavez vous remede aulcun ? Nature a elle tant destitué les humains que l'homme marié ne puisse passer ce monde sans tomber es goulphres et dangiers de Coquage ?

— Je te veulx (dist frere Jan) enseigner un expedient moyenant lequel jamais ta femme ne te fera coqu sans ton sceu et ton consentement.

— Je t'en prie (dist Panurge), couillon velouté. Or diz, mon amy.

— Prens (dist frere Jan), l'anneau de Hans Carvel, grand lapidaire du roy de Melinde.

Hans Carvel estoit homme docte, expert, studieux, homme de bien, de bon sens, de bon jugement, debonnaire, charitable, aulmonsnier, philosophe, joyeulx au reste, bon compaignon et raillart, si oncques en feut, ventru quelque peu, branslant de teste et aulcunement mal aisé de sa personne. Sus ses vieulx jours, il espousa la fille du baillif Concordat, jeune, belle, frisque,

APPENDICE

guallante, advenente, gratieuse par trop envers ses voisins et serviteurs. Dont advint, en succession de quelques hebdomades, qu'il en devint jalous comme un Tigre et entra en soubson qu'elle se faisoit tabourer les fesses d'ailleurs. Pour à la quelle chose obvier, luy faisoit tout plein de beaulx comptes touchant les desolations advenues par adultere, luy lisoit souvent la legende des preudes femmes, la preschoit de pudicité, luy feist un livre de louanges de fidelité conjugale, detestant fort et ferme la meschanceté des ribauldes mariées, et luy donna un beau carcan tout couvert de sapphyrs orientaulx. Ce non obstant, il la voioyt tant deliberée et de bonne chere avecques ses voisins, que de plus en plus croissoit sa jalousie.

Une nuyct entre les aultres, estant avecques elle couché en telles passions, songea qu'il parloit au Diable et qu'il luy comptait ses doleances. Le Diable le reconfortoit et luy mist un anneau on maistre doigt, disant : "Je te donne cestuy anneau ; tandis que l'auras on doigt, ta femme ne sera d'aultruy charnellement congneue sans ton sceu et consentement.

– Grand mercy (dist Hans Carvel), monsieur le Diable. Je renye Mahon si jamais on me l'oste du doigt."

Le Diable disparut. Hans Carvel tout joyeulx s'esveigla et trouva qu'il avoit le doigt on *comment a nom* ? de sa femme.

Je oubliois à compter comment sa femme, le sentent, recullolt le cul arriere, comme disant : "Ouy, nenny, ce n'est ce qu'il y fault mettre", et lors sembloit à Hans Carvel qu'on luy voulust desrobber son anneau.

N'est ce remede infaillible ? A cestuy exemple faiz, si me croys, que continuellement tu ayez l'anneau de ta femme on doigt. »

Ibid, XXVIII.

UN VIEUX DOIT-IL SE MARIER ?

Ronsard : « Une beauté de quinze ans enfantine... »

    Tu voulois dire, bon Homere,
    Qu'on doit faire tres-bonne chere
    Tandis que l'âge et la saison
    Et la peu-maistresse raison
    Permettent à nostre jeunesse
    Les libertez de la liesse,
    Sans avoir soin du lendemain.
    Mais d'un hanap de main en main,[...]
    D'un flus, d'un dé, d'une première,
    D'une belle fleur printaniere,
    Et d'une amour de quatorze ans
    Et de mille autres jeux plaisans,
    Donner soulas à nostre vie.

Gayetez, I.

    Puis qu'elle est tout hyver, toute la mesme glace,
    Toute neige, et son cœur tout armé de glaçons,
    Qui ne m'aime sinon pour avoir mes chansons,
    Pourquoy suis-je si fol que je ne m'en delace ?
    Dequoy me sert son nom, sa grandeur et sa race,
    Que d'honneste servage et de belles prisons ?
    Maistresse, je n'ay pas les cheveux si grisons,
    Qu'une autre de bon cœur ne prenne vostre place.
    Amour, qui est enfant, ne cele verité.
    Vous n'estes si superbe, ou si riche en beauté,
    Qu'il faille desdaigner un bon cœur qui vous aime.
    R'entrer en mon avril desormais je ne puis :
    Aimez moy, s'il vous plaist, grison comme je suis,
    Et je vous aimeray quand vous serez de mesme.

Sonnets pour Hélène, I, XXII.

APPENDICE

Je liay d'un filet de soye cramoisie
Vostre bras l'autre jour, parlant avecques vous ;
Mais le bras seulement fut captif de mes nouds,
Sans vous pouvoir lier ny cœur ny fantaisie.
Beauté, que pour maistresse unique j'ay choisie,
Le sort est inégal : vous triomphez de nous.
Vous me tenez esclave, esprit, bras et genous,
Et Amour ne vous tient ny prinse ny saisie.
Je veux parler, Maistresse, à quelque vieil sorcier,
Afin qu'il puisse au mien vostre vouloir lier,
Et qu'une mesme playe à nos cœurs soit semblable.
Je faux : l'amour qu'on charme est de peu de sejour.
Estre beau, jeune, riche, eloquent, agreable,
Non les vers enchantez, sont les sorciers d'Amour.

Sonnets pour Hélène, I, XXIV.

D'autre torche mon cœur ne pouvoit s'allumer
Sinon de tes beaux yeux, où l'Amour me convie.
J'avois desja passé le meilleur de ma vie,
Tout franc de passion, fuyant le nom d'aimer.
Je soulois maintenant ceste dame estimer,
Et maintenant ceste autre où me portoit l'envie,
Sans rendre ma franchise à quelqu'une asservie.
Rusé je ne voulois dans les rets m'enfermer.
Maintenant je suis pris, et si je prens à gloire
D'avoir perdu le camp, frustré de la victoire ;
Ton œil vaut un combat de dix ans d'Ilion.
Amour comme estant Dieu n'aime pas les superbes :
Sois douce à qui te prie, imitant le lion.
La foudre abat les monts, non les petites herbes.

Sonnets pour Hélène, I, XXXVIII.

UN VIEUX DOIT-IL SE MARIER ?

Soit qu'un sage amoureux ou soit qu'un sot me lise,
Il ne doit s'esbahir voyant mon chef grison,
Si je chante d'amour : tousjours un vieil tison
Cache un germe de feu sous une cendre grise.
Le bois verd à grand'peine en le souflant s'attise,
Le sec sans le soufler brusle en toute saison.
La Lune se gaigna d'une blanche toison,
Et son vieillard Tithon l'Aurore ne mesprise.
Lecteur, je ne veux estre escolier de Platon,
Qui la vertu nous presche, et ne fait pas de mesme,
Ny volontaire Icare ou lourdaut Phaëthon,
Perdus pour attenter une sottise extrême ;
Mais sans me contrefaire ou voleur ou charton,
De mon gré je me noye et me brusle moy-mesme.

Sonnets pour Hélène, II, I.

Adieu, belle Cassandre, et vous, belle Marie,
Pour qui je fu trois ans en servage à Bourgueil :
L'une vit, l'autre est morte, et ores de son œil
Le Ciel se resjouïst dont la terre est marrie.
Sur mon premier avril, d'une amoureuse envie
J'adoray vos beautez ; mais vostre fier orgueil
Ne s'amollit jamais pour larmes ny pour dueil,
Tant d'une gauche main la Parque ourdit ma vie.
Maintenant en Automne encores malheureux,
Je vy comme au Printemps de nature amoureux,
A fin que tout mon âge aille au gré de la peine.
Ores que je deusse estre affranchi du harnois,
Mon maistre Amour m'envoye à grands coups de carquois
R'assieger Ilion pour conquerir Heleine.

Sonnets pour Hélène, II, X.

APPENDICE

J'avois esté saigné, ma Dame me vint voir
Lors que je languissois d'une humeur froide et lente.
Se tournant vers mon sang, comme toute riante,
Me dist en se jouant : « Que vostre sang est noir !
Le trop penser en vous a peu si bien mouvoir
L'imagination, que l'ame obeissante
A laissé la chaleur naturelle impuissante
De cuire, de nourrir, de faire son devoir. »
Ne soyez plus si belle, et devenez Medée :
Colorez d'un beau sang ma face ja ridée,
Et d'un nouveau printemps faites moy r'animer.
Æson vit rajeunir son escorce ancienne.
Nul charme ne sçauroit renouveller la mienne :
Si je veux rajeunir, il ne faut plus aimer.

Sonnets pour Hélène, II, XXXII.

J'ay honte de ma honte, il est temps de me taire,
Sans faire l'amoureux en un chef si grison.
Il vaut mieux obeyr aux loix de la Raison,
Qu'estre plus desormais en l'amour volontaire.
Je l'ay juré cent fois, mais je ne puis le faire.
Les roses pour l'Hyver ne sont plus de saison.
Voicy le cinquiesme an de ma longue prison,
Esclave entre les mains d'une belle Corsaire.
Maintenant je veux estre importun amoureux
Du bon pere Aristote, et d'un soin genereux
Courtiser et servir la beauté de sa fille.
Il est temps que je sois de l'Amour deslié.
Il vole comme un Dieu ; homme je vais à pié.
Il est jeune, il est fort ; je suis gris et debile.

Sonnets pour Hélène, II, XXXVI.

UN VIEUX DOIT-IL SE MARIER ?

Comme un vieil combatant, qui ne veut plus s'armer,
Ayant le corps chargé de coups et de vieillesse,
Regarde en s'esbatant l'Olympique jeunesse,
Pleine d'un sang boüillant aux joustes escrimer,
Ainsi je regardois du jeune Dieu d'aimer,
Dieu qui combat tousjours par ruse et par finesse,
Les gaillards champions, qui d'une chaude presse
Se veulent dans le camp amoureux enfermer.
Quand tu as reverdy mon escorce ridée
De ta jeune vertu, ainsi que fit Medée
Par herbes et par jus le pere de Jason,
Je n'ay contre ton charme opposé ma defense.
Toutefois je me deuls de r'entrer en enfance,
Pour perdre tant de fois l'esprit et la raison.

Sonnets pour Hélène, II, XL.

À Madeleine

   Les fictions dont tu decores
L'ouvrage que tu vas peignant,
D'Hyacinthe, Europe, et encores
De Narcisse se complaignant
De son ombre le desdaignant,
   Ne sont pas dignes de la peine
Que tes dois œuvrent dextrement ;
Car plustost soit d'or, soit de laine,
Tu dois ta gaze toute pleine
Peindre de ton propre tourment.
   Quand je te voy, et voy encore
Ce vieil mary que tu ne veux,
Je voy Tithone et voy l'Aurore,
Lui dormir, elle ses cheveux
Refrisoter de mille neuds,

Pour aller chercher son Cephale,
Et quoi qu'il soit allangoré
De voir sa femme morte et palle,
Si suit-il celle qui egale
Les roses d'un front coloré.
   Parmi les bois errent ensemble
Se soulant de plaisir, mais las !
Jamais le jeune Amour n'assemble
L'hyver d'un vieillard sans soulas
A un printemps tel que tu l'as.

Odes, III, VII.

   Pourtant si j'ay le chef plus blanc
Que n'est d'un lis la fleur esclose,
Et toy, le visage plus franc
Que n'est le bouton d'une rose,
   Pour cela, cruelle, il ne faut
Fuir ainsi ma teste blanche :
Si j'ay la teste blanche en haut,
L'autre partie est assez franche.
   Ne sçais-tu pas, toy qui me fuis,
Que pour bien faire une couronne
Ou quelque beau bouquet, d'un lis
Toujours la rose on environne ?

Odes, IV, XXX.

   Janne, en te baisant tu me dis
Que j'ay le chef à demy gris,
Et tousjours me baisant tu veux
De l'ongle oster mes blancs cheveux,
Comme s'un cheveul blanc ou noir
Sur le baiser avoit pouvoir.

Mais, Janne, tu te trompes fort :
Un cheveul blanc est assez fort
Pour te baiser, pourveu que point
Tu ne vueilles de l'autre poinct.

Odes, IV, odelette XXXVII.

    Quand je veux en amour prendre mes passe-temps,
M'amie, en se moquant, laid et vieillard me nomme ;
« Quoy ! dit-elle, resveur, tu as plus de cent ans,
Et tu veux contrefaire encore le jeune homme !
    Tu ne fais que hanir, tu n'as plus de vigueur,
Ta couleur est d'un mort qu'on devalle en la fosse ;
Vray est, quand tu me vois, tu prens un peu de cœur,
Car un gentil cheval ne devient jamais rosse.
    Si tu veux le sçavoir, prend ce miroir, et voy
Ta barbe en tous endroits de neige parsemée,
Ton œil qui fait la cire espesse comme un doy,
Et ta face qui semble une idole enfumée. »
    Alors je lui respons : « Quant à moy, je ne sçay
Si j'ay l'œil chassieux, si j'ay perdu courage,
Si mes cheveux sont noirs, ou si blancs je les ay,
Car jamais je n'appris à mirer mon visage.
    Mais puis que le tombeau me doit bien tost avoir,
Certes tu me devrois d'autant plus estre humaine ;
Car le vieil homme doit, ou jamais, recevoir
Ses plaisirs mesme au temps qu'il sent la mort prochaine. »

Odes, V, XX.

Montaigne : le mariage a ses raisons que le cœur ne connaît pas...

    « Quant aux mariages, outre ce que c'est un marché qui n'a que l'entrée libre (sa durée estant contrainte et forcée, dependant d'ailleurs que de nostre vouloir), et marché qui ordinairement se fait à autres fins, il y survient mille fusées estrangieres à desmeler parmy, suffisantes à rompre le fil et troubler le cours d'une vive affection ; là où, en l'amitié, il n'y a affaire ny commerce que d'elle mesme. »

Essais, I, XXVIII, « De l'Amitié ».

« L'amitié que nous portons à nos femmes, elle est très-legitime ; la theologie ne laisse pas de la brider pourtant, et de la restraindre. Il me semble avoir leu autresfois chez sainct Thomas, en un endroit où il condamne les mariages des parans ès degrez deffandus, cette raison parmy les autres, qu'il y a danger que l'amitié qu'on porte à une telle femme soit immoderée : car si l'affection maritalle s'y trouve entiere et perfaite, comme elle doit, et qu'on la surcharge encore de celle qu'on doit à la parantelle, il n'y a point de doubte que ce surcroist n'emporte un tel mary hors les barrieres de la raison. [...]

Ce sont les femmes qui communiquent tant qu'on veut leurs pieces à garçonner ; à mediciner, la honte le deffend. Je veux donc, de leur part, apprendre cecy aux maris, s'il s'en trouve encore qui y soient trop acharnez : c'est que les plaisirs mesmes qu'ils ont à l'acointance de leurs femmes sont reprouvez, si la moderation n'y est observée ; et qu'il y a dequoy faillir en licence et desbordement, comme en un subjet illegitime. Ces encheriments deshontez que la chaleur premiere nous suggere en ce jeu, sont, non indecemment seulement, mais dommageablement employez envers noz femmes. Qu'elles apprenent l'impudence, au moins d'une autre main. Elles sont toujours assez esveillées pour nostre besoing. Je ne m'y suis servy que de l'instruction naturelle et simple. C'est une religieuse liaison, et devote, que le mariage ; voilà pourquoy le plaisir qu'on en tire, ce doit estre un plaisir retenu, serieux et meslé à quelque severité ; ce doit estre une volupté aucunement prudente et conscientieuse. Et, parce que sa principale fin c'est la generation, il y en a qui mettent en doubte si, lors que nous sommes sans l'esperance de ce fruict, comme quand elles sont hors d'aage, ou enceintes, il est permis d'en rechercher l'embrassement. Æelius Verus, l'Empereur, respondit à sa femme, comme elle se plaignoit dequoy il se laissoit aller à l'amour d'autres femmes, qu'il le faisoit par occasion conscientieuse, d'autant que le mariage estoit un nom d'honneur et dignité, non de folastre et lascive concupiscence. Et nos anciens autheurs ecclesiastiques font avec honneur mention d'une femme qui repudia son mary pour ne vouloir seconder ses trop lascives et immoderées amours. Il n'est en somme aucune si juste volupté, en laquelle l'excez et l'intemperance ne nous soit reprochable. »

Essais, I, XXX, « De la modération ».

« Ce que j'y trouve à considerer, c'est qu'il [Virgile] la peinct un peu bien esmeue pour une Venus maritale. En ce sage marché, les appetits ne se trouvent pas si follastres ; ils sont sombres et plus mousses. L'amour hait qu'on se tienne par ailleurs que par luy, et se mesle lachement aux accointances qui sont dressées et entretenues soubs autre titre, comme est le mariage : l'alliance, les moyens, y poisent par raison, autant ou plus que les graces et la beauté. On ne se marie pas pour soy, quoi qu'on die ; on se marie autant ou plus pour sa posterité, pour sa famille. L'usage et interest du mariage touche nostre race bien loing par delà nous. Pourtant me plait cette façon, qu'on le conduise plustost par mains tierces que par les propres, et par le sens d'autruy que par le sien. Tout cecy, combien à l'opposite des conventions amoureuses ! Aussi est ce une espece d'inceste d'aller employer à ce parentage venerable et sacré les efforts et les extravagances de la licence amoureuse, comme il me semble avoir dict ailleurs. Il faut, dict Aristote, toucher sa femme prudemment et severement, de peur qu'en la chatouillant trop lascivement le plaisir la face sortir hors des gons de raison. Ce qu'il dict pour la conscience, les medecins le disent pour la santé ; qu'un plaisir excessivement chaut, voluptueux et assidu altere la semence et empesche la conception ; disent d'autrepart, qu'à une congresssion languissante, comme celle là est de sa nature, pour la remplir d'une juste et fertile chaleur, il faut s'y presenter rarement et à notables intervalles,

Quo rapiat sitiens venerem interiusque recondat[13].

Je ne vois point de mariages qui faillent plustost et se troublent que ceux qui s'acheminent par la beauté et desirs amoureux. Il y faut des fondemens plus solides et plus contans, et y marcher d'aguet ; cette bouillante allegresse n'y vaut rien.

Ceux qui pensent faire honneur au mariage pour y joindre l'amour, font, ce me semble, de mesme ceux qui, pour faire faveur à la vertu, tiennent que la noblesse n'est autre chose que vertu. Ce sont choses qui ont quelque cousinage ; mais il y a beaucoup de diversité : on n'a que faire de troubler leurs noms et leurs titres ; on faict tort à l'une ou à l'autre de les confondre. [...]

Ung bon mariage, s'il en est, refuse la compaignie et conditions de l'amour. Il tache à representer celles de l'amitié. C'est une douce société de vie, pleine de constance, de fiance et d'un nombre infiny d'utiles et solides offices et obligations mutuelles. Aucune femme qui en savoure le goust,

optato quam junxit lumine tæda[14],

ne voudroit tenir lieu de maistresse et d'amye à son mary. Si elle est logée en son affection comme femme, elle y est bien plus honorablement et seurement logée.

Quand il faira l'esmeu ailleurs et l'empressé, qu'on luy demande pourtant lors à qui il aymeroit mieux arriver une honte, ou à sa femme ou à sa maistresse ; de qui la desfortune l'affligeroit le plus ; à qui il desire plus de grandeur ; ces demandes n'ont aucun doubte en un mariage sain. Ce qu'il s'en voit si peu de bons, est signe de son pris et de sa valeur. A le bien façonner et à le bien prendre, il n'est point de plus belle piece en nostre société. Nous ne nous en pouvons passer, et l'allons avilissant. Il en advient ce qui se voit aux cages : les oyseaux qui en sont hors, desespèrent d'y entrer ; et d'un pareil soing en sortir, ceux qui sont au dedans. Socrates, enquis qui estoit plus commode prendre ou ne prendre point de femme : "Lequel des deux on face, dict-il, on s'en repentira." [...]

Peu de gens ont espousé des amies qui ne s'en soyent repentis. Et jusques en l'autre monde. Quel mauvais mesnage a faict Jupiter avec sa femme qu'il avoit premierement pratiquée et jouye par amourettes ? C'est ce qu'on dict : Chier dans le panier pour après le mettre sur sa teste.

J'ay veu de mon temps, en quelque bon lieu, guerir honteusement et deshonnestement l'amour par le mariage ; les considerations sont trop autres. Nous aimons, sans nous empescher, deux choses diverses et qui se contrarient. [...]

Le mariage a pour sa part l'utilité, la justice, l'honneur et la constance : un plaisir plat, mais plus universel. L'amour se fonde au seul plaisir, et l'a de vray plus chatouillant, plus vif et plus aigu ; un plaisir attizé par la difficulté. Il y a de la piqueure et de la cuison. Ce n'est plus amour s'il est sans fleches et sans feu. La liberalité des dames est trop profuse au mariage et esmousse la poincte de l'affection et du desir. Pour fuïr à cet inconvenient voyez la peine qu'y prennent en leurs loix Lycurgus et Platon.

Les femmes n'ont pas tort du tout quand elles refusent les reigles de vie qui sont introduites au monde, d'autant que ce sont les hommes qui les ont faictes sans elles. Il y a naturellement de la brigue et riotte entre elles et nous ; le plus estroit consentement que nous ayons avec elles, encore est-il tumultuaire et tempestueux. »

Essais, III, V, « Sur des vers de Virgile ».

Corneille : mariages en or...

« Te voilà bien en train, si je veux t'écouter
Sur ce même ton-là tu m'en vas bien conter.
Pauvre amant, je te plains, qui ne sais pas encore
Que bien qu'une beauté mérite qu'on l'adore,
Pour en perdre le goût on n'a qu'à l'épouser.
Un bien qui nous est dû se fait si peu priser,
Qu'une femme fût-elle entre toutes choisie,
On en voit en six mois passer la fantaisie,
Tel au bout de ce temps la souhaite bien loin,
La beauté n'y sert plus que d'un fantasque soin
À troubler le repos de qui se formalise,
S'il advient qu'à ses yeux quelqu'un la galantise :
Ce n'est plus lors qu'un aide à faire un favori,
Un charme pour tout autre, et non pour un mari. [...]

UN VIEUX DOIT-IL SE MARIER ?

Peut-être dis-tu vrai, mais ce choix difficile
Assez et trop souvent trompe le plus habile,
Et l'hymen de soi-même est un si lourd fardeau
Qu'il faut l'appréhender à l'égal du tombeau.
S'attacher pour jamais au côté d'une femme !
Perdre pour des enfants le repos de son âme,
Quand leur nombre importun accable la maison !
Ah ! qu'on aime ce joug avec peu de raison ! [...]

Alors je ne pense pas que j'épouse un visage,
Je règle mes désirs selon mon intérêt,
Si Doris me voulait, toute laide qu'elle est
Je l'estimerais plus qu'Aminthe, et qu'Hypolite,
Son revenu chez moi tiendrait lieu de mérite :
C'est comme il faut aimer, l'abondance des biens
Pour l'amour conjugal a de puissants liens,
La beauté, les attraits, le port, la bonne mine,
Échauffent bien les draps, mais non pas la cuisine,
Et l'hymen qui succède à ces folles amours
Pour quelques bonnes nuits, a de bien mauvais jours ;
Une amitié si longue est fort mal assurée
Dessus des fondements de si peu de durée :
C'est assez qu'une femme ait un peu d'entregent,
La laideur est trop belle étant teinte en argent.
Et tu ne peux trouver de si douces caresses,
Dont le goût dure autant que celui des richesses. »

Mélite, I, 1.

« Bien que pour l'épouser je lui donne ma foi,
Penses-tu qu'en effet je l'aime plus que toi ?
L'amour et l'hyménée ont diverse méthode
L'un court au plus aimable, et l'autre au plus commode.
Je suis dans la misère et tu n'as point de bien,

Un rien s'assemble mal avec un autre rien.
Mais si tu ménageais ma flamme avec adresse,
Une femme est sujette, une amante est maîtresse,
Les plaisirs sont plus grands à se voir moins souvent ;
La femme les achète et l'amante les vend,
Un amour par devoir bien aisément s'altère. »

L'Illusion comique, III, 6.

« Je suis vieux, belle Iris, c'est un mal incurable[15]... »

Stances à Marquise[16]

« Marquise, si mon visage
A quelques traits un peu vieux,
Souvenez-vous qu'à mon âge
Vous ne vaudrez guère mieux.

Le temps aux plus belles choses
Se plaît à faire un affront,
Et saura faner vos roses
Comme il a ridé mon front.

Le même cours des planètes
Règle nos jours et nos nuits :
On m'a vue ce que vous êtes,
Vous serez ce que je suis.

Cependant j'ai quelques charmes
Qui sont assez éclatants,
Pour n'avoir pas trop d'alarmes
De ces ravages du temps.

Vous en avez qu'on adore,
Mais ceux que vous méprisez

Pourraient bien durer encore
Quand ceux-là seront usés.

Ils pourront sauver la gloire
Des yeux qui me semblent doux,
Et dans mille ans faire croire
Ce qu'il me plaira de vous.

Chez cette race nouvelle
Où j'aurai quelque crédit,
Vous ne passerez pour belle
Qu'autant que je l'aurai dit.

Pensez-y, belle Marquise :
Quoiqu'un grison fasse effroi,
Il vaut bien qu'on le courtise
Quand il est fait comme moi. »

Chanson

« Vos beaux yeux sur ma franchise
N'adressent pas bien leurs coups,
Tête chauve et barbe grise
Ne sont pas viande pour vous ;
Quand j'aurai l'heur de vous plaire,
Ce serait perdre du temps,
Iris, que pourriez-vous faire
D'un galant de cinquante ans ?

Ce qui vous rend adorable
N'est propre qu'à m'alarmer,
Je vous trouve trop aimable,
Et crains de vous trop aimer :
Mon cœur à prendre est facile,

Mes vœux sont des plus constants,
Mais c'est un meuble inutile
Qu'un galant de cinquante ans.

Si l'armure n'est complète,
Si tout ne va comme il faut,
Il vaut mieux faire retraite
Que d'entreprendre un assaut :
L'amour ne rend point la place
À de mauvais combattants,
Et rit de la vaine audace
Des galants de cinquante ans. »

La Fontaine : « La jeune veuve »

La perte d'un époux ne va point sans soupirs.
On fait beaucoup de bruit, et puis on se console.
Sur les ailes du Temps la tristesse s'envole ;
Le Temps ramène les plaisirs.
Entre la veuve d'une année
Et la veuve d'une journée
La différence est grande : on ne croirait jamais
Que ce fût la même personne.
L'une fait fuir les gens, et l'autre a mille attraits.
Aux soupirs vrais ou faux celle-là s'abandonne ;
C'est toujours même note et pareil entretien :
On dit qu'on est inconsolable ;
On le dit, mais il n'en est rien,
Comme on verra par cette fable,
Ou plutôt par la vérité.
L'époux d'une jeune beauté
Partait pour l'autre monde. À ses côtés sa femme
Lui criait : « Attends-moi, je te suis ; et mon âme,
Aussi bien que la tienne, est prête à s'envoler. »

Le mari fait seul le voyage.
La belle avait un père, homme prudent et sage :
Il laissa le torrent couler.
À la fin, pour la consoler :
« Ma fille, lui dit-il, c'est trop verser de larmes :
Qu'a besoin le défunt que vous noyiez vos larmes :
Puisqu'il est des vivants, ne songez plus aux morts.
Je ne dis pas que tout à l'heure
Une condition meilleure
Change en des noces ces transports ;
Mais après certain temps souffrez qu'on nous propose
Un époux beau, bien fait, jeune, et tout autre chose
Que le défunt. − Ah ! dit-elle aussitôt,
Un cloître est l'époux qu'il me faut. »
Le père lui laissa digérer sa disgrâce.
Un mois de la sorte se passe.
L'autre mois on l'emploie à changer tous les jours
Quelque chose à l'habit, au linge, à la coiffure.
Le deuil enfin sert de parure,
En attendant d'autres atours.
Toute la bande des amours
Revient au colombier ; les jeux, les ris, la danse,
Ont aussi leur tour à la fin.
On se plonge soir et matin
Dans la fontaine de Jouvence.
Le père ne craint plus ce défunt tant chéri ;
Mais, comme il ne parlait de rien à notre belle :
« Où donc est le jeune mari
Que vous m'avez promis ? » dit-elle[17].

Fables, VI, XXI.

Molière : « Le choix d'une jeune personne tombera sur le fils plutôt que sur le père[18]. »

« Harpagon. – Il faudra voir cela. Mais, Frosine, il y a encore une chose qui m'inquiète. La fille est jeune, comme tu vois, et les jeunes gens d'ordinaire n'aiment que leurs semblables, ne cherchent que leur compagnie. J'ai peur qu'un homme de mon âge ne soit pas de son goût ; et que cela ne vienne à produire chez moi certains petits désordres qui ne m'accommoderaient pas.

Frosine. – Ah ! que vous la connaissez mal ! C'est encore une particularité que j'avais à vous dire. Elle a une aversion épouvantable pour tous les jeunes gens, et n'a de l'amour que pour les vieillards.

Harpagon. – Elle ?

Frosine. – Oui, elle. Je voudrais que vous l'eussiez entendu parler là-dessus. Elle ne peut souffrir du tout la vue d'un jeune homme ; mais elle n'est point plus ravie, dit-elle, que lorsqu'elle peut voir un beau vieillard avec une barbe majestueuse. Les plus vieux sont pour elle les plus charmants, et je vous avertis de n'aller pas vous faire plus jeune que vous êtes. Elle veut tout au moins qu'on soit sexagénaire ; et il n'y a pas quatre mois encore, qu'étant prête d'être mariée, elle rompit tout net le mariage, sur ce que son amant fit voir qu'il n'avait que cinquante-six ans et qu'il ne prit point de lunettes pour signer le contrat.

Harpagon. – Sur cela seulement ?

Frosine. – Oui. Elle dit que ce n'est pas contentement pour elle que cinquante-six ans ; et surtout elle est pour les nez qui portent des lunettes.

Harpagon. – Certes, tu me dis là une chose toute nouvelle.

Frosine. – Cela va plus loin qu'on ne vous peut dire. On lui voit dans sa chambre quelques tableaux et quelques estampes ; mais que pensez-vous que ce soit ? Des Adonis ? des Céphales ? des Pâris ? et des

Apollons ? Non. De beaux portraits de Saturne, du roi Priam, du vieux Nestor, et du bon père Anchise sur les épaules de son fils.

Harpagon. – Cela est admirable ! Voilà ce que je n'aurais jamais pensé, et je suis bien aise d'apprendre qu'elle est de cette humeur. En effet, si j'avais été femme, je n'aurais point aimé les jeunes hommes.

Frosine. – Je le crois bien. Voilà de belles drogues que des jeunes gens, pour les aimer ! Ce sont de beaux morveux, de beaux godelureaux, pour donner envie de leur peau ; et je voudrais bien savoir quel ragoût il y a à eux ?

Harpagon. – Pour moi, je n'y en comprends point ; et je ne sais comment il y a des femmes qui les aiment tant.

Frosine. – Il faut être folle fieffée. Trouver la jeunesse aimable ! Est-ce avoir le sens commun ? Sont-ce des hommes que des jeunes blondins ? Et peut-on s'attacher à ces animaux-là ?

Harpagon. – C'est ce que je dis tous les jours. Avec leur ton de poule laitée, et leurs trois petits brins de barbe relevés en barbe de chat, leurs perruques d'étoupe, leurs hauts-de-chausses tout tombants, et leurs estomacs débraillés. »

L'Avare, II, 5.

La Bruyère : « J'ai vu souhaiter d'être fille et une belle fille depuis treize ans jusques à vingt-deux, et après cet âge de devenir un homme[19]. »

« Un homme qui serait en peine de connaître s'il change, s'il commence à vieillir, peut consulter les yeux d'une jeune femme qu'il aborde, et le ton dont elle lui parle ; il apprendra ce qu'il craint de savoir. Rude école. »

Les Caractères (III, 64).

« Il n'y a pas de femmes si parfaites, qu'elles empêchent un mari de se repentir du moins une fois le jour d'avoir une femme, ou de trouver heureux celui qui n'en a point. »
Les Caractères (III, 78).

« Ne pourrait-on découvrir l'art de se faire aimer de sa femme ? »
Les Caractères (III, 80).

« Faire une folie et se marier *par amourette*, c'est épouser *Mélite*, qui est jeune, belle, sage, économe, qui plaît, qui vous aime, qui a moins de bien qu'*Ægine* qu'on vous propose, et qui avec une riche dot apporte de riches dispositions à la consumer, et tout votre fonds avec sa dot. »
Les Caractères (XIV, 33).

Saint-Simon : secrets d'alcôves.

« Monsieur de Luxembourg ne survécut pas longtemps à ce beau mariage. À soixante-sept ans, il s'en croyoit vingt-cinq, et vivoit comme un homme qui n'en a pas davantage. Au défaut de bonnes fortunes, dont son âge et sa figure l'excluoient, il suppléoit par de l'argent, et l'intimité de son fils et de lui, de M. le prince de Conti et d'Albergotti, portoit presque toute sur des mœurs communes et des parties secrètes qu'ils faisoient ensemble avec des filles. [...]

Mlle de Quintin ne tarda pas longtemps à avoir son tour. M. de Lauzun[20] la vit sur le lit de sa sœur, avec plusieurs autres filles à marier. Elle avoit quinze ans et lui plus de soixante-trois ans : c'étoit une étrange disproportion d'âge, mais sa vie jusqu'alors avoit été un roman, il ne le croyoit pas achevé, et il avoit encore l'ambition et les espérances d'un jeune homme. [...] Plein de ces pensées, il fit parler à Mme la maréchale de Lorge, qui le connoissoit trop de réputation et qui aimoit trop sa fille pour entendre à un mariage qui ne pouvoit la rendre heureuse. M. de Lauzun redoubla ses empressements, proposa d'épouser sans dot[21], fit parler sur ce pied-là à Mme de Frémont et à MM. de Lorge et de Duras, chez lequel l'affaire fut écoutée, concertée et résolue, par cette grande raison de *sans dot*, au grand déplaisir de la mère, qui, à la fin, se rendit, par la difficulté de faire sa fille duchesse comme l'aînée, à qui elle vouloit l'égaler. Phélypeaux, qui se croyoit à portée de tout, la vouloit aussi pour rien, à cause des alliances et des entours, et la peur qu'en eut Mlle de Quintin la fit consentir avec joie à épouser le duc de Lauzun, qui avoit un nom, un rang et des trésors. La distance des âges et l'inexpérience du sien lui firent regarder ce mariage comme la contrainte de deux ou trois ans[22], tout au plus, pour être après libre, riche et grande dame : sans quoi elle n'y eût jamais consenti, à ce qu'elle a bien des fois avoué depuis.

Cette affaire fut conduite et conclue dans le plus grand secret. Lorsque M. le maréchal de Lorge en parla au Roi : "Vous êtes hardi, lui dit-il, de mettre Lauzun dans votre famille ; je souhaite que vous ne vous en repentiez pas. De vos affaires vous en êtes le maître ; mais pour des miennes, je ne vous permets de faire ce mariage qu'à condition que vous ne lui en direz jamais le moindre mot."

Le jour qu'il fut rendu public, M. le maréchal de Lorge m'envoya chercher de fort bonne heure, me le dit, et m'expliqua ses raisons : le principal étoit qu'il ne donnoit rien et que M. de Lauzun se contentoit de quatre cent mille livres à la mort de M. Frémont, si autant s'y trouvoit outre le partage de ses enfants, et faisoit après lui des avantages prodigieux à sa femme. Nous portâmes le contrat à signer au Roi, qui plaisanta M. de Lauzun et se mit fort à rire, et M. de Lauzun lui répondit qu'il étoit trop heureux de se marier, puisque c'étoit la première fois, depuis son retour, qu'il l'avoit vu rire avec lui. On pressa la noce tout de suite, en sorte que personne ne put avoir d'habits. Le présent de M. de Lauzun fut d'étoffes, de pierreries et de galanteries, mais point d'argent. Il n'y eut que sept ou huit personnes en tout au mariage, qui se fit à l'hôtel de Lorge, à minuit. M. de Lauzun voulut se déshabiller seul avec ses valets de chambre, et il n'entra dans celle de sa femme qu'après que tout le monde en fut sorti, elle couchée et ses rideaux fermés, et lui assuré de ne trouver personne sur son passage.

Il fit lendemain trophée de ses prouesses. Sa femme vit le monde sur son lit à l'hôtel de Lorge, où elle et son mari devoient loger, et, le jour suivant, nous allâmes à Versailles, où la nouvelle mariée fut présentée par Mme sa mère chez Mme de Maintenon, et de là prit son tabouret au souper. Le lendemain, elle vit toute la cour sur son lit, et tout s'y passa comme à son mariage. Celui-ci ne trouva que des censeurs ; on ne comprenoit ni le beau-père ni le gendre : les raisons de celui-ci ne se pouvoient imaginer ; celle de *sans dot* n'étoit reçue de personne, et il n'y avoit celui qui ne prévît une prochaine rupture, de l'humeur si connue de M. de Lauzun[23]. En revenant à Paris, nous trouvâmes au Cours presque toutes les filles de qualité à marier, et cette vue consola un peu Mme la maréchale de Lorge, ayant ses filles dans son carrosse, qu'elle venoit d'établir en si peu de temps toutes deux. »

Mémoires, année 1695.

Montesquieu : le mariage à trois.

Lettre LV
Rica à Ibben, à Smyrne

« Chez les peuples d'Europe, le premier quart d'heure du mariage aplanit toutes les difficultés : les dernières faveurs sont toujours de même date que la bénédiction nuptiale ; les femmes n'y font point comme nos Persanes, qui disputent le terrain quelquefois des mois entiers ; il n'y a rien de si plénier : si elles ne perdent rien, c'est qu'elles n'ont rien à perdre ; mais on sait toujours, chose honteuse ! le moment de leur défaite, et, sans consulter les astres, on peut prédire au juste l'heure de la naissance de leurs enfants.

Les Français ne parlent presque jamais de leurs femmes ; c'est qu'ils ont peur d'en parler devant des gens qui les connaissent mieux qu'eux.

Il y a parmi eux des hommes très malheureux que personne ne console : ce sont les maris jaloux. Il y en a que tout le monde hait : ce sont les maris jaloux. Il y en a que tout le monde méprise : ce sont encore les maris jaloux.

Aussi, n'y a-t-il point de pays où ils soient en si petit nombre que chez les Français. Leur tranquillité n'est pas fondée sur la confiance qu'ils ont en leurs femmes ; c'est, au contraire, sur la mauvaise opinion qu'ils en ont. Toutes les sages précautions des Asiatiques, les voiles qui les couvrent, les prisons où elles sont détenues, la vigilance des eunuques, leur paraissent des moyens plus propres à exercer l'industrie de ce sexe qu'à la lasser. Ici les maris prennent leur parti de bonne grâce et regardent les infidélités comme des coups d'une étoile inévitable. Un mari qui voudrait seul posséder sa femme serait regardé comme un perturbateur de la joie publique et comme un insensé qui voudrait jouir de la lumière du soleil à l'exclusion des autres hommes.

Ici un mari qui aime sa femme est un homme qui n'a pas assez de mérite pour se faire aimer d'une autre ; qui abuse de la nécessité de la Loi pour suppléer aux agréments qui lui manquent ; qui se sert de tous ses avantages au préjudice d'une société entière ; qui s'approprie ce qui ne lui avait été donné qu'en engagement, et qui agit autant qu'il est en lui pour renverser une convention tacite qui fait le bonheur de l'un et de l'autre sexe. Ce titre de mari d'une jolie femme, qui se cache en Asie avec tant de soin, se porte ici sans inquiétude : on se sent en état de faire diversion partout. Un prince se console de la perte d'une place par la prise d'une autre. Dans le temps que le Turc nous prenait Bagdad, n'enlevions-nous pas au Mongol la forteresse de Candahor ?

Un homme qui, en général, souffre les infidélités de sa femme n'est point désapprouvé ; au contraire, on le loue de sa prudence : il n'y a que les cas particuliers qui déshonorent.

Ce n'est pas qu'il n'y ait des dames vertueuses, et on peut dire qu'elles sont distinguées : mon conducteur me les faisait toujours remarquer. Mais elles étaient toutes si laides qu'il faut être un saint pour ne pas haïr la vertu.

Après ce que je t'ai dit des mœurs de ce pays-ci, tu t'imagines facilement que les Français ne s'y piquent guère de constance. Ils croient qu'il est aussi ridicule de jurer à une femme qu'on l'aimera toujours, que de soutenir qu'on se portera toujours bien, ou qu'on sera toujours heureux. Quand ils promettent à une femme qu'ils l'aimeront toujours, ils supposent qu'elle, de

son côté, leur promet d'être toujours aimable, et, si elle manque à sa parole, ils ne se croient plus engagés à la leur. »
De Paris, le 7 de la lune de Zilcadé, 1714.

Voltaire : raison et sentiments.

« SOPHRONIE. – […] J'aime Éraste, et je ne l'épouserai pas.
MÉLINDE. – Quelle raison pouvez-vous avoir de vous tyranniser ainsi vous-même ?
SOPHRONIE. – La crainte d'être tyrannisée. Éraste a de l'esprit, mais il l'a impérieux et mordant ; il a des grâces, mais il en ferait bientôt usage pour d'autres que pour moi : je ne veux pas être la rivale d'une de ces personnes qui vendent leurs charmes, qui donnent malheureusement de l'éclat à celui qui les achète, qui révoltent la moitié d'une ville par leur faste, qui ruinent l'autre par l'exemple, et qui triomphent en public du malheur d'une honnête femme réduite à pleurer dans la solitude. J'ai une forte inclination pour Éraste, mais j'ai étudié son caractère ; il a trop contredit mon inclination : je veux être heureuse ; je ne le serais pas avec lui ; j'épouserai Ariste, que j'estime, et que j'espère aimer.
MÉLINDE. – Vous êtes bien raisonnable pour votre âge. Il n'y a guère de filles que la crainte d'un avenir fâcheux empêche de jouir d'un présent agréable. Comment pouvez-vous avoir un tel empire sur vous-même ?
SOPHRONIE. – Ce peu que j'ai de raison, je le dois à l'éducation que m'a donnée ma mère. Elle ne m'a point élevée dans un couvent, parce que ce n'était pas dans un couvent que j'étais destinée à vivre. Je plains

les filles dont les mères ont confié la première jeunesse à des religieuses. [...] J'entends dire que dans ces couvents, comme dans la plupart des collèges où les jeunes gens sont élevés, on n'apprend guère que ce qu'il faut oublier pour toute sa vie ; on ensevelit dans la stupidité les premiers de vos beaux jours. Vous ne sortez guère de votre prison que pour être promise à un inconnu qui vient vous épier à la grille ; quel qu'il soit, vous le regardez comme un libérateur, et, fût-il un singe, vous vous croyez trop heureuse : vous vous donnez à lui sans le connaître ; vous vivez avec lui sans l'aimer. C'est un marché qu'on fait sans vous, et bientôt après les deux parties se repentent[24]. »

Casanova : « Une très jeune femme, un très vieux mari, voilà tout le drame[25]. »

« M. Hamilton était un homme de génie ; on m'a dit qu'il s'est marié actuellement avec une fille qui eut le talent de le rendre amoureux. Ce malheur arrive souvent aux hommes qui surent s'en garder toute leur vie : l'âge affaiblit les cœurs également que l'esprit. Se marier est toujours une sottise, mais lorsqu'un homme la fait, étant acheminé à la vieillesse, elle est mortelle. La femme qu'il épouse ne peut avoir pour lui que des complaisances qu'il paye de sa propre vie qu'à coup sûr il abrège ; et si par hasard cette femme est amoureuse de lui, il se trouve à une condition encore plus mauvaise. Il doit mourir en deux ou trois ans. Il y a sept ans que j'ai manqué de faire cette sottise à Vienne, *a qua me servavit Apollo*[26]. »

Sade : vieille perruche et blanche colombe.

« Nous soupâmes hier, Eugénie et moi, chez ta divinité, mon cher Valcour... Que faisais-tu ?... Est-ce jalousie ?... Est-ce bouderie ?... Est-ce crainte ?... Ton absence fut pour nous une énigme, qu'Aline ne put ou ne voulut pas nous expliquer, et dont nous eûmes bien de la peine à comprendre le mot. J'allais demander de tes nouvelles, quand deux grands yeux bleus, respirant à la fois l'amour et la décence, vinrent se fixer sur les miens, et m'avertir de feindre... Je me tus ; peu après je m'approchai ; je voulus demander raison du mystère. Un soupir et un signe de tête furent les seules réponses que j'obtins. Eugénie ne fut pas plus heureuse ; nous ne pressâmes plus ; mais Mme de Blamont soupira, et je l'entendis : c'est une mère délicieuse que cette femme, mon ami. [...]

Il arriva, quelques minutes avant de servir, une [...] espèce d'individu court et carré, l'échine ornée d'un justaucorps de drap olive, sur lequel régnait, du haut en bas, une broderie large de huit pouces, dont le dessin me parut être celui que Clovis avait sur son manteau royal. Ce petit homme possédait un fort grand pied affublé sur de hauts talons, au moyen desquels s'appuyaient deux jambes énormes. En cherchant à rencontrer sa taille, on ne trouvait qu'un ventre. Désirait-on une idée de sa tête ? on n'apercevait qu'une perruque et une cravate, du milieu desquelles s'échappait, de temps à autre, un fausset discordant qui laissait à soupçonner si le gosier dont il émanait, était effectivement celui d'un humain, ou d'une vieille perruche. Ce ridicule mortel, absolument conforme à l'esquisse que j'en trace, se fit annoncer M. Dolbourg.

Un bouton de rose qu'Aline, au même instant, jetait

à Eugénie, vint troubler malheureusement les lois de l'équilibre que s'était imposé le personnage, pour en déduire sa révérence d'entrée. Il heurta le bouton de rose, et définitivement nous arriva par la tête. Ce choc inattendu, cet ébranlement subit des masses, avait un peu dérangé ses attraits factices : la cravate vola d'un côté, la perruque de l'autre, et le malheureux ainsi répandu et dégarni excita dans ma folle Eugénie une attaque de rire à tel point spasmodique, qu'on fut obligé de l'emporter dans un cabinet voisin où je crus qu'elle s'évanouirait... Aline se contint, le président se fâcha ; M. de Blamont se mordait les lèvres pour ne pas éclater, et se confondait en marques d'intérêt... Deux laquais ramassèrent le petit homme qui, semblable à une tortue retournée, ne pouvait plus reprendre l'élasticité nécessaire à se rétablir sur son plat. On le remboîta dans sa perruque ; la cravate fut artistiquement renouée ; Eugénie reparut, et l'annonce du souper vint heureusement tout remettre en ordre, en obligeant chacun à ne plus s'occuper que d'une même idée.

Les politesses marquées du président au petit homme, l'assurance ultérieure que je reçus qu'il avait cent mille écus de rente, ce que j'aurais parié sur sa figure ; la contrainte d'Aline, l'air souffrant de Mme de Blamont, les efforts qu'elle faisait pour dissiper sa chère fille, pour empêcher qu'on ne s'aperçût de la gêne dans laquelle elle était ; tout me convainquit que ce malheureux traitant était ton rival, et rival d'autant plus à craindre, qu'il me parut que le président en était engoué.

Ô mon ami, quel assemblage !... Unir à un mortel si prodigieusement ridicule une jeune fille de dix-neuf ans, faite comme les Grâces, fraîche comme Hébé, et plus belle que Flore ! À la stupidité même oser sacrifier l'esprit le plus tendre et le plus agréable ; adapter à un volume épais de matière l'âme la plus déliée et la plus sensible ; joindre à l'inactivité la plus lourde, un être pétri de talents, quel attentat, Valcour !... Oh ! non, non... ou la Providence est insensible, ou elle ne le permettra jamais... Eugénie devint sombre sitôt qu'elle soupçonna le forfait. Folle, étourdie, un peu méchante même, mais prête à donner son sang à l'amitié, elle passa rapidement de la joie à la plus extrême colère, dès que je lui eus fait part de mes soupçons... Elle regarda son amie, et des larmes coulèrent sur ses joues roses que venait d'épanouir la gaieté. »

Aline et Valcour, lettre première.

Laclos : jeune vieillard ou vieux jeune homme ?

Cécile Volanges à Sophie Carnay.

« Je suis triste et inquiète, ma chère Sophie. J'ai pleuré presque toute la nuit. Ce n'est pas que pour le moment je ne sois bien heureuse ; mais je prévois que cela ne durera pas.

J'ai été hier à l'opéra avec Mme de Merteuil ; nous y avons beaucoup parlé de mon mariage, et je n'en ai rien appris de bon. C'est M. le Comte de Gercourt que je dois épouser, et ce doit être au mois d'octobre. Il est riche, il est homme de qualité, il est colonel du régiment de... Jusque-là tout va fort bien. Mais d'abord il est vieux : figure-toi qu'il a au moins trente-six ans ! et puis, Mme de Merteuil dit qu'il est triste et sévère, et qu'elle craint que je ne sois pas heureuse avec lui. J'ai même bien vu qu'elle en était sûre, et qu'elle ne voulait pas me le dire, pour ne pas m'affliger. Elle ne m'a presque entretenue toute la soirée que des devoirs des femmes envers leurs maris : elle convient que M. de Gercourt n'est pas aimable du tout, et elle dit pourtant qu'il faudra que je l'aime. Ne m'a-t-elle pas dit aussi qu'une fois mariée, je ne devais plus aimer le Chevalier Danceny ? comme si c'était possible ! Oh ! je t'assure bien que je l'aimerai toujours. Vois-tu, j'aimerais mieux plutôt ne pas me marier. Que ce M. de Gercourt s'arrange, je ne l'ai pas été chercher. Il est en Corse à présent, bien loin d'ici ; je voudrais qu'il y restât dix ans. Si je n'avais pas peur de rentrer au couvent, je dirais bien à Maman que je ne veux pas de ce mari-là ; mais ce serait encore pis[27] [...]. »

Paul-Louis Courier[28] : quand un vieux se prend pour Pygmalion...

« Je reçois trois lettres de toi, du 22, du 25 et du 27. Tu es toujours toi, toujours ange, il faut se prosterner et baiser la terre où tu passes (*sic*). Mon bonheur est de croire que sans moi on ne t'aurait jamais appréciée, toi-même tu ne te serais pas connue[29]. »

« [...] Je relis ton excellente lettre. Toute réflexion faite, je suis bien aise que tu sois jeune, pour moi et pour notre fils [...]. »

Nerval : les confidences de Restif de La Bretonne, une version moderne de l'écolier de Pergame[30] ?

« Nous sommes cette fois en 1780 ; Nicolas a quarante-cinq ans. Il n'est pas vieux encore, mais il n'est plus jeune déjà ; sa voix s'éraille, sa peau se ride, et des fils d'argent se mêlent aux mèches de cheveux noirs qui se laissent voir parfois sous sa perruque négligée. Le riche peut garder longtemps la fraîcheur de ses illusions, comme ces primeurs et ces fleurs rares qu'on obtient chèrement au milieu de l'hiver ; mais la pauvre est bien forcée de subir enfin la triste réalité que l'imagination avait dissimulée longtemps. Alors malheur à l'homme assez fou pour ouvrir son cœur aux promesses menteuses des jeunes femmes ! Jusqu'à trente ans, les chagrins d'amour glissent sur le cœur qu'ils pressent sans le pénétrer ; après quarante ans, chaque douleur du moment réveille les douleurs passées, l'homme arrivé au développement complet de son être souffre doublement de ses affections brisées et de sa dignité outragée.

À l'époque dont nous parlons, Nicolas demeurait rue de Bièvre, chez Mme Debée-Léeman. Cette dame était une juive d'Anvers de quarante ans, belle encore, veuve d'un mari problématique, et vivant avec un M. Florimond, galant émérite, adorateur ruiné et réduit au rôle de souffre-douleur. À l'époque où Nicolas vint se loger chez Mme Léeman, il remarqua à peine une jeune fille de quatorze ans, qui déjà reproduisait sous un type plus frais et plus pur les attraits passés de la mère. Pendant les quatre années suivantes, il ne songea même à cette enfant que quand il entendait sa mère la gronder ou la battre. Elle était cependant devenue à la fin une grande blonde de dix-huit ans, à la peau blanche et transparente ; elle avait dans la taille, dans les poses, dans la démarche, une nonchalance pleine de grâce, et dans le regard une mélancolie si touchante, que, rien qu'à la regarder, Nicolas se sentait souvent les larmes aux yeux. C'était un avertissement de son cœur, qu'il croyait mort, et qui n'était qu'endormi. [...]

Si les passions sont moins subites à quarante ans, le

cœur est beaucoup plus tendre : l'homme a moins de fougue, de violence, d'emportement ; mais en revanche il aime avec abnégation et dévouement. L'avenir l'épouvante, et il se cramponne au passé pour tenter de ne pas mourir ; il veut recommencer la vie, et plus la femme aimée est jeune, plus aussi les émotions deviennent vives et délicieuses. [...]
« – Ah ! mon ami ! ah ! mon père ! reprit Sara en se jetant tout en larmes dans les bras de l'écrivain, j'ai juré depuis longtemps que jamais je ne consentirais à me marier... et que, dans tous les cas, je n'épouserais jamais un jeune homme...[...] Qu'avez-vous ? lui dit Sara en le voyant un instant rêveur ;
– Je pense à toi, dit-il, charmante enfant ! Il faut te le dire enfin, depuis longtemps je t'aime... et je te fuyais toujours, effrayé de ta jeunesse et de ta beauté !
– Toujours, jusqu'au matin où je suis venue te voir moi-même !
– Que voulais-tu que je t'offrisse ? Un cœur flétri par la douleur... et par les regrets !
– Que regrettes-tu, maintenant ? Ton cœur n'est-il point calmé ?
– Il bat plus vite que jamais ; tiens ! touche ma poitrine.
– Ah ! c'est qu'il y a là sans doute...
– Eh ! quoi donc ?
– De l'amour !... dit faiblement Sara. »
Nicolas revint à lui-même ; sa philosophie d'écrivain lui rendit un instant de force.
« Non, dit-il gravement ; je n'ai pour toi, mon enfant, qu'une sincère et constante amitié.
– Et moi, si j'avais de l'amour ? » [...]
M. de La Montette, étonné, dit à Nicolas : « Vous l'aimez donc ? – Je l'adore ! » répondit celui-ci.
« Pourtant sa mère m'avait dit que vous n'aviez

pour cette enfant qu'une affection toute paternelle...
J'aurais pensé plutôt, d'après les âges, qu'un sentiment assez tendre pour Mme Léeman, qui est belle encore...
— Moi !... s'écria Nicolas vivement offensé[31]. »

Alexandre Dumas : *Et liberi, et libri*

« J'aimais une enfant[32] [...]. Comment m'avait-elle aimé malgré l'immense disproportion d'âge ? Comment s'était-elle donnée à moi malgré sa chasteté ? C'était un mystère dont je profitais sans chercher à l'approfondir. Mais une pareille félicité ne pouvait être durable, un jour des symptômes de maladie se déclarèrent [...] ; je courus chez mon médecin [...]. Il lui tâta le pouls. Il l'ausculta. Il la fit respirer et écouta la respiration sortir et rentrer. Il écrivit une ordonnance — commanda de lui faire prendre tous les matins une cuillère d'huile de foie de morue et un demi-verre de lait d'ânesse. Qu'elle achevait le soir n'étant point assez forte pour prendre le verre entier [...]. Son dernier mot fut : "Ménagez-la, mon ami, c'est une fleur que peut également tuer le froid et le chaud, et surtout l'amour[33]". »

« Tu sais, mon cher Bébé, que je préférais une fille. Je vais te dire pourquoi. J'aime mieux Alexandre que Marie[34]. Je ne vois pas Marie une fois par an et je puis voir Alexandre tant que je voudrai. Tout l'amour que je pouvais avoir pour Marie se reportera donc sur ma chère petite Micaëlla, que je vois couchée à côté de sa petite maman, et à qui je défends de se lever et de sortir avant que je n'arrive[35]... »

APPENDICE

« Elle était une écuyère[36],
Il était un écrivain ;
À son zénith la première,
Le second à son déclin ;
Celle-là fraîche et légère
Comme un souffle du matin ;
Celui-ci pesant et guère
Moins ventru qu'un muid de vin...

Brune elle était l'écuyère ;
Il était gris l'écrivain...

Un beau jour notre écuyère
Rencontra notre écrivain
Entre fourchette et cuillère,
Dans un déjeuner rupin...
Or, en tant qu'ex-mousquetaire,
Lui qui va toujours bon train...
Il mit un baiser au sein
De la pudique écuyère.
"Tout beau ! fougueux écrivain..."
Dit en riant l'écuyère :
Tout beau, fougueux écrivain !
Pour moi, gras sexagénaire
Serait un maigre butin.
Que gagnerais-je à l'affaire ? »
– Parbleu ! l'honneur souverain,
Femme d'avoir su me plaire.

Il faudrait qu'on fût certain
Qu'aux genoux de l'écuyère
S'est mis le vieil écrivain !...

Balzac : amour, gloire et beauté.

> Louise de Chaulieu à Renée de Maucombe
> « Comment, bientôt mariée ! mais prend-on les gens ainsi ? Au bout d'un mois, tu te promets à un homme, sans le connaître, sans en rien savoir. Cet homme peut être sourd, on l'est de tant de manières ! il peut être maladif, ennuyeux, insupportable. Ne vois-tu pas, Renée, ce qu'on veut faire de toi ? tu leur es nécessaire pour continuer la glorieuse maison de l'Estorade, et voilà tout. Tu vas devenir une provinciale. Sont-ce là nos promesses mutuelles ? À votre place, j'aimerais mieux aller me promener aux îles d'Hyères en caïque, jusqu'à ce qu'un corsaire algérien m'enlevât et me vendît au grand-seigneur ; je deviendrais sultane, puis quelque jour validé ; je mettrais le sérail sens dessus dessous, et tant que je serais jeune et quand je serais vieille. Tu sors d'un couvent pour entrer dans un autre. [...] Je te donnerai des conseils, tu viendras à Paris, nous y ferons enrager les hommes, et nous deviendrons des reines [...][37] ! »

> Mademoiselle de Chaulieu à Madame de l'Estorade :
> « [...] L'amour est, je crois, un poème entièrement personnel. Il n'y a rien qui ne soit à la fois vrai et faux dans tout ce que les auteurs nous en écrivent. En vérité, ma chère belle, comme tu ne peux plus me parler que d'amour conjugal, je crois, dans l'intérêt bien entendu de notre double existence, qu'il est nécessaire que je reste fille et que j'aie quelque belle passion, pour que nous connaissions bien la vie. Raconte-moi très exactement tout ce qui t'arrivera, surtout dans les premiers jours, avec cet animal que je nomme un mari.

Je te promets la même exactitude, si jamais je suis aimée. Adieu, pauvre chérie engloutie.

Madame de l'Estorade à Mademoiselle de Chaulieu :

« [...] Le mariage se propose la vie, tandis que l'amour ne se propose que le plaisir ; mais aussi le mariage subsiste quand les plaisirs ont disparu, et donne naissance à des intérêts bien plus chers que ceux de l'homme et de la femme qui s'unissent. Aussi peut-être ne faut-il, pour faire un mariage heureux, que cette amitié qui, en vue de ses douceurs, cède sur beaucoup d'imperfections humaines. Rien ne s'opposait à ce que j'eusse de l'amitié pour Louis de l'Estorade. Bien décidée à ne pas chercher dans le mariage les jouissances de l'amour auxquelles nous pensions si souvent et avec une si dangereuse exaltation, j'ai senti la plus douce tranquillité en moi-même. "Si je n'ai pas l'amour, pourquoi ne pas chercher le bonheur ?" me suis-je dit. [...] Une femme doit avoir les charmes d'une maîtresse et les qualités d'une épouse. Mettre de l'incertitude dans les plaisirs, n'est-ce pas prolonger l'illusion et perpétuer les jouissances d'amour-propre auxquelles tiennent tant et avec tant de raison toutes les créatures. Ô Louise, ne compromets pas notre bel avenir à toutes deux ! Ne fais pas les folies dont tu me menaces. J'épouse un vieux jeune homme, épouse quelque jeune vieillard de la chambre des pairs. Tu es là dans le vrai. »

Madame de l'Estorade à Madame Gaston :
« [...] Oh ! combien il est grand ce mot de la duchesse de Sully, la femme du grand Sully enfin, à qui l'on disait que son mari, quelque grave qu'il parût, ne se faisait pas scrupule d'avoir une maîtresse :

122 UN VIEUX DOIT-IL SE MARIER ?

"C'est fort simple, a-t-elle répondu, je suis l'honneur de la maison, et serais fort chagrine d'y jouer le rôle d'une courtisane." Plus voluptueuse que tendre, tu veux être et la femme et la maîtresse. Avec l'âme d'Héloïse et les sens de sainte Thérèse, tu te livres à des égarements sanctionnés par les lois ; en un mot, tu dépraves l'institution du mariage [...]. »

« L'âge moyen auquel les femmes sont mariées est vingt ans, et à quarante elles cessent d'appartenir à l'amour.

Or un jeune graçon de dix-sept ans donne de fiers coups de canif dans les parchemins des contrats, et particulièrement dans les plus anciens, disent les chroniques scandaleuses.

Or un homme de cinquante-deux ans est plus redoutable à cet âge qu'à tout autre. C'est à cette belle époque de la vie qu'il use, et d'une expérience chèrement acquise, et de toute la fortune qu'il doit avoir. Les passions sous le fléau desquelles il tourne étant les dernières, il est impitoyable et fort comme l'homme entraîné par le courant, qui saisit une verte et flexible branche de saule, jeune pousse de l'année.

Physiquement, un homme est plus longtemps homme que la femme n'est femme.

Relativement au mariage, la différence de durée qui existe entre la vie amoureuse de l'homme et celle de la femme est donc de quinze ans. »

Physiologie du mariage, Méditation IV, « De la femme vertueuse ».

« L'expérience a démontré qu'il existait certaines classes d'hommes plus sujettes que les autres à certains malheurs : [...] on a remarqué que certaines classes de maris étaient plus particulièrement victimes des passions illégitimes. Ces maris et leurs femmes accaparent les célibataires. C'est une aristocratie d'un autre genre. Si quelque lecteur se trouvait dans une de ces classes aristocratiques, il aura, nous l'espérons, assez de présence d'esprit, lui ou sa femme, pour se rappeler à l'instant l'axiome favori de la grammaire latine de Lhomond : pas de règle sans exception. Un ami de la maison peut même citer ce vers :

« La personne présente est toujours exceptée. »

Et alors chacun d'eux aura, *in petto*, le droit de se croire une exception. Mais notre devoir, l'intérêt que nous portons aux maris et l'envie que nous avons de préserver tant de jeunes et jolies femmes des caprices et des malheurs que traîne à sa suite un amant, nous forcent à signaler par ordre les maris qui doivent se tenir plus particulièrement sur leurs gardes.

Dans ce dénombrement paraîtront les premiers tous les maris que leurs affaires, places ou fonctions chassent du logis à certaines heures ou pendant un certain temps. Ceux-là porteront la bannière de la confrérie. [...]

Après les gens forcés de s'absenter du logis à des heures fixes, viennent les hommes à qui de vastes et sérieuses occupations ne laissent pas une minute pour être aimables ; leurs fronts sont toujours soucieux, leur entretien est rarement gai. [...]

Les savants, qui demeurent des mois entiers à ronger l'os d'un animal antédiluvien, à calculer les lois de la nature ou à en épier les secrets ; les Grecs et les Latins qui dînent d'une pensée de Tacite, soupent d'une phrase de Thucydide, vivent en essuyant la poussière des bibliothèques, en restant à l'affût d'une note ou d'un papyrus, sont tous prédestinés. Rien de ce qui se passe autour d'eux ne les frappe, tant est grande leur absorption ou leur extase ; leur malheur se consommerait en plein midi, à peine le verraient-ils ! Heureux ! ô mille fois heureux ! Exemple : Beauzée qui, revenant chez lui après une séance de l'Académie, surprend sa femme avec un Allemand. – Quand je vous avertissais, madame, qu'il fallait que je m'en aille... s'écrie l'étranger. – Eh ! monsieur, dites au moins : Que je m'en allasse ! reprend l'académicien.

Viennent encore, la lyre à la main, quelques poètes dont toutes les forces animales abandonnent l'entresol pour aller dans l'étage supérieur. Sachant mieux monter Pégase que la jument du compère Pierre, ils se marient rarement, habitués qu'ils sont à jeter, par intervalle, leur fureur sur des Chloris vagabondes ou imaginaires.

Mais les hommes dont le nez est barbouillé de tabac ;

Mais ceux qui, par malheur, sont nés avec une éternelle pituite ;

Mais les maris qui fument ou qui chiquent ;

Mais les gens auxquels un caractère sec et bilieux donne toujours l'air d'avoir mangé une pomme aigre ;

Mais les hommes, qui dans la vie privée, ont quelques habitudes cyniques, quelques pratiques ridicules, qui gardent, malgré tout, un air de malpropreté ;

Mais les maris qui obtiennent le nom déshonorant de chauffe-la couche ;

Enfin, les vieillards qui épousent de jeunes personnes. »

Ibid., Méditation V, « Des prédestinés ».

Nucingen : « *Hêdre hâmûreuse à mon hâche, cheu zai piène que rienne n'ai blis ritiquille ; mai ké foullez-vû ?* »

« Le baron de Nucingen avouait alors soixante ans, les femmes lui étaient devenues parfaitement indifférentes, et, à plus forte raison, la sienne. Il se vantait de n'avoir jamais connu l'amour qui fait faire des folies. Il regardait comme un bonheur d'en avoir fini avec les femmes, desquelles il disait, sans se gêner, que la plus angélique ne valait pas ce qu'elle coûtait, même quand elle se donnait gratis. Il passait pour être si complètement blasé, qu'il n'achetait plus, à raison d'une couple de mille francs par mois, le plaisir de se faire tromper. De sa loge à l'Opéra, ses yeux froids plongeaient tranquillement sur le corps de ballet. Pas une œillade ne partait pour ce capitaliste de ce redoutable essaim de vieilles jeunes filles et de jeunes vieilles femmes, l'élite des plaisirs parisiens. Amour naturel, amour postiche et d'amour-propre, amour de bienséance et de vanité ; amour-goût, amour décent et conjugal, amour excentrique, le baron avait acheté tout, avait connu tout, excepté le véritable amour. Cet amour venait de fondre sur lui comme un aigle sur sa proie, comme il fondit sur Gentz, le confident de S.A. le prince de Metternich. On sait toutes les sottises que ce vieux diplomate fit pour Fanny Elssler dont les répétitions l'occupaient beaucoup plus que les intérêts européens. La femme qui venait de bouleverser cette caisse doublée de fer, appelée Nucingen, lui était apparue comme une de ces femmes uniques dans une génération. Il n'est pas sûr que la maîtresse du Titien, que la Mona Lisa de Léonard de Vinci, que la Fornarina de Raphaël fussent aussi belles que la sublime Esther, en qui l'œil le plus exercé du Parisien le plus observateur n'aurait pu reconnaître le moindre vestige qui rappelât la courtisane. Aussi le baron fut-il surtout étourdi par cet air de femme noble et grande qu'Esther, aimée, environnée de luxe, d'élégance et d'amour avait au plus haut degré. L'amour heureux est la Sainte-Ampoule des femmes, elles deviennent toutes alors fières comme des impératrices. Le baron alla, pendant huit nuits de suite, au bois de Vincennes, puis au bois de Boulogne, puis dans les bois de Ville-d'Avray, puis dans le bois de Meudon, enfin dans tous les environs de Paris, sans pouvoir rencontrer Esther. Cette sublime figure juive qu'il disait être *eine viguire te la Piple*, était toujours devant ses yeux. À la fin de la quinzaine, il perdit l'appétit. Delphine de Nucingen et sa fille Augusta, que la baronne commençait à montrer, ne s'aperçurent pas tout d'abord du changement qui se fit chez le baron. [...] Mais au bout de deux mois, pris par une fièvre d'impatience et en proie à un état semblable à celui que donne la nostalgie, le baron, surpris par l'impuissance du million, maigrit et parut si profondément atteint, que Delphine espéra secrètement devenir veuve. Elle se mit à plaindre assez hypocritement son mari, et fit rentrer sa fille à l'intérieur. Elle assomma son mari de questions ; il répondit comme répondent les Anglais attaqués du *spleen*, il ne répondit presque pas. [...]

La naïveté de ce vieillard, qui n'était plus loup-cervier, et qui, pour la première fois de sa vie, apercevait quelque chose de plus saint et de plus sacré que l'or, émut cette compagnie de gens blasés : les uns échangèrent des sourires, les autres regardèrent Nucingen en exprimant cette pensée dans leur physionomie : "Un homme si fort en arriver là !..." Puis chacun revint au salon en causant de cet événement de nature à produire la plus grande sensation[38]. »

« Nucingen, cet homme si profond, avait un bandeau sur les yeux ; il se laissait faire comme un enfant. La vue de cette candide et adorable Esther essuyant ses yeux et tirant avec la décence d'une jeune vierge les points de sa broderie, rendait à ce vieillard amoureux les sensations qu'il avait éprouvées au bois de Vincennes ; il eût donné la clef de sa caisse ! il se sentait jeune, il avait le cœur plein d'adoration, il attendait qu'Asie fût partie pour pouvoir se mettre à genoux devant cette madone de Raphaël. Cette éclosion subite de l'enfance au cœur d'un loup-cervier, d'un vieillard, est un des phénomènes sociaux que la Physiologie peut le plus facilement expliquer. Comprimée sous le poids des affaires, étouffée par de continuels calculs, par les préoccupations perpétuelles de la chasse aux millions, l'adolescence et ses sublimes illusions reparaît, s'élance et fleurit, comme une cause, comme une graine oubliée dont les effets, dont les floraisons splendides obéissent au hasard, à un soleil qui jaillit, qui luit tardivement. Commis à douze ans dans la vieille maison d'Aldrigger de Strasbourg, le baron n'avait jamais mis le pied dans le monde des sentiments. Aussi restait-il devant son idole en entendant mille phrases qui se heurtaient dans sa cervelle, et n'en trouvant aucune sur ses lèvres, il obéit alors à un désir brutal où l'homme de soixante-six ans reparaissait[39]. »

NOTES

Avant-propos

1. C'est la fragilité des papyrus, par exemple, qui a perdu de nombreux textes, mais c'est la cherté du parchemin qui entraîna des copies sélectives à partir du IIIe siècle : il fallait environ 1 500 peaux de veaux pour réaliser une vulgate.

2. Lorenzo Valla, qui fut l'ennemi numéro un du Pogge, compare la recherche de textes à la chasse : dans la dédicace de ses *Apologues*, il compare les fables d'Ésope à des cailles ! « Tres chier et feal amy, je te avoye, n'a pas long temps, promis envoyer certaines cailles et oyseaux, lesquelz je esperoye prendre en passant temps a la chasse, mais pour ce que je suis, pour le present, homme mal instruit en fait de chasse et de gibier et que suis du tout desacoustumé de l'usaige et industrie de la dicte chasse, a ces causes n'ay sceu prendre les dictes cailles et me suis transferé et transporté a chasser une autre proie et faire ma chasse acoustumee, c'est vacquer a l'estude des lettres. Et, pour ce, par cas d'aventure, est venu entre mes mains ung petit livre grec, lequel a esté recouvert et trouvé de une proye et bataille faicte sur mer. Lequel livre contient en soy trente et trois petites fables, facecies ou apologues de Ezope, poete grec. Je les ay toutes chassees et prinses ou temps et espace de deux jours et icelles converties de grec en latin. Et, pour tant, chier et parfait amy, je te envoye les dictes trente et trois petites fables ou cailles, se mieulx cailles que fables les veulx appeler. [...] Toy, qui aymes les lettres tres parfaictement, te esjouyras en ceste nouvelle maniere de chasse litterale. [...] Je te deveray estre agreable et faire joye se je te envoye en pur don plus de tren-

te oyseaux de la dessus dicte maniere de chasser. Et, sans doubte, ces presentes petites fables ou cailles nourrissent grandement et n'ont pas en soy moins de fleur que de fruit, mais, pour ce que c'est chose insolente et peu agreable quant aucun loue, attolle ou eslieve son don, a ceste cause je feray cy fin et cesseray la louenge des dictes fables. Touteffois, rescris moy se tu aimes mieulx avoir des cailles vrayes et naturelles que ces presentes fables, car, quant ainsi seroit, je ne te envoieroye pas seulement des cailles, mais, avecques ce, des perdris. Les *Apologues* de Guillaume Tardif et les *Facetiae morales* de Laurent Valla, éd. P. Ruelle, Genève, Paris, 1986, p. 60-61.

3. « *Erat mordax, maledicus, et intemperans obiurgator ad ciendum risum. Saepe praetextatis uerbis utebatur, quod eius facetiae hodie superstites testantur.* » « Il était caustique, médisant et censeur passionné afin de provoquer le rire. Souvent il usait de paroles licencieuses, comme l'attestent aujourd'hui les présentes facéties. » (Note marginale sur une édition du XVIe siècle de ses *Facéties*, à la bibliothèque San Reale de Turin, cf. E. Garin, *La Disputa delle arti nel Quattrocento*, Florence, 1974, p. v.)

Introduction

1. *Essai sur les mœurs*, chap. LXXIII, « De Jan Hus, et de Jérôme de Prague ».

2. Ce savant grec, envoyé en Italie par Jean II Paléologue pour implorer assistance contre les Turcs, enseigna à Florence, Venise, Pavie et Rome et fut le maître de Francesco Filelfo, qui épousa en 1426 sa fille (avec qui il ne parlait que le grec attique !). Il mourut à Constance en 1415. Il est l'auteur de la première grammaire grecque d'Occident et l'un des principaux restaurateurs des belles lettres en Italie. Poggio prononça son oraison funèbre.

3. Il écrit à la fin de sa vie, dans l'invective contre Filelphe : « Ces crimes que tu m'imputes m'ont valu successivement l'estime de sept papes. » (*Poggii opera*, éd. de Bâle, 1538, p. 333. Les références des citations seront extraites, sauf mention contraire, de cette édition.)

4. Il a par exemple rédigé le document qui donnait à Henry VI la permission de fonder le collège d'Eton, et la Bulle d'Innocent VII en 1406 qui annonce la volonté du pape de restaurer à Rome l'étude des sciences et des arts libéraux.

5. « *Verear ne sit necesse nos fieri avaros, ob tenuitatem lucri quo vix possumus tueri officii nostri dignitatem.* » *Opera*, p. 5.

6. Il écrit dans une lettre : « *Ego minus existimo et pontificatum et eius membra quam credant ; cupio enim liber esse, non publicus seruus.* » « J'estime le pontificat et ses membres moins qu'on ne pourrait le croire, car j'aime mieux être un homme libre qu'un fonctionnaire esclave. » (À Niccolò Niccoli, le 22 février 1422, in H. Harth, *Lettere Poggio Bracciolini*, Florence, 3 vol., 1984-87, I, p. 14).

7. *Opera*, p. 32.

8. On pourra en trouver une description détaillée et étonnante (princes, députés et chevaliers : 18 000 ; orfèvres : 45 ; banquiers : 242 ; cordonniers : 70 ; confiseurs : 75 ; barbiers : 306 ; courtisanes : environ 700) dans Lenfant, *Histoire du concile de Constance*, Amsterdam, 1727, vol. 2, p. 415-416.

9. À Niccolò Niccoli, le 18 mai 1416, in H. Harth, *op. cit.*, I, p. 128-135.

10. L'atmosphère n'avait pas beaucoup changé au XVIIIe siècle si l'on en croit Casanova, folâtrant aux bains de Berne ; coïncidence étrange, on trouve dans ce chapitre la même remarque que dans la lettre de Poggio : « J'ai remarqué que les maris n'y sont pas jaloux... » (*Histoire de ma vie*, volume 6, chap. VIII). Les bains suisses étaient réputés pour la licence qui y régnait.

11. À Leonardo Bruni, le 30 mai 1416, in H. Harth, *op. cit.*, II, p. 157-163. La correspondance du Pogge, dont il n'existe aucune édition complète, ni aucune traduction française, sera bientôt accessible grâce aux bons soins d'Isabelle Charles qui en prépare la publication aux éditions des Belles Lettres.

12. Hus accepta d'aller à Constance en compagnie de Jérôme de Prague, couvert par le sauf-conduit de Sigismond. Il mourut en martyr le 6 juillet 1415, un an avant son disciple.

13. *Leonardi Bruni Aretini epistolarum libri VIII*, éd. Laurentius Mehus, 2 vol., Florence, Bernardus Paperinius, 1741, IV, 10. Audace et courage hors du commun, au regard desquels l'attitude d'Érasme à l'égard de Thomas More paraît bien frileuse : « Ô Thomas More, le meilleur ami que j'aie jamais eu », écrit l'humaniste après l'exécution de ce dernier.

14. L'anecdote, citée par Shepherd, *Vie de Poggio Bracciolini*, Paris, 1819, p. 85, est de Ponticio Virunio.

15. La critique philologique lui avait permis d'établir que la fameuse donation de Constantin sur laquelle se fondait l'Église pour prétendre à un pouvoir temporel, était un faux. Cf. Valla, *La Donation de Constantin*, éd. J.-B. Giard, Les Belles Lettres, Col. La Roue à Livres, Paris, 1993.

16. Sur son premier manuscrit (un texte de Catulle) copié vers

1400, *cf.* A. C. de la Mare et D. F. Thomson, « Poggio's earliest Manuscript ? » in *Italia Medievale e Umanistica* 16, 1973, p. 179-195.

17. « *Ut monumenta litterarum e tenebris in lucem erueres.* » Lettre de F. Barbaro du 6 juin 1417, in *Francisci Barbari et aliorum ad ipsum epistolae*, Brescia, J.-M. Rizzardi, 1743, p. 1-8.

18. « *Non tantum ab exilio sed ab ipso pene interitu in auitam patriam reuocauimus.* » Lettre à Giovanni Corvini, in H. Harth, *op. cit.*, II, p. 445.

19. Il s'agit peut-être, soit du *Laurentianus*, soit du *Turicensis*. Une des copies a probablement été détruite dans le tremblement de terre de Lisbonne en 1755. *Cf.* K. Swift « Poggio's Quintilian and the Fate of the Sunderland Manuscripts » in *Quaerendo* 13, 1983, p. 224-238. Un chanoine du XVIIe siècle, traducteur du *De re uxoria* de Barbaro, dit qu'il avait arraché ce manuscrit des mains d'un charcutier ! (C. Joly, *Les Deux Livres sur l'état du mariage* par François Barbaro, Paris, 1667, préface, p. 42.)

20. « *Quintilianum comperimus adhuc saluum et incolumem, plenum tamen situ et puluere refertum. Erant enim non in bibliotheca libri illi, ut eorum dignitas postulabat, sed in teterrimo quodam et obscuro carcere, fundo scilicet unius turris, quo ne uita quidem damnati retrudentur. [...] Hec mea manu transcripsi, et quidem uelociter, ut ea mitterem ad Leonardum Aretinum et Nicolaum Florentinum, qui, cum a me huius thesauri adinuentionem cognouissent, multis a me uerbis Quitilianum per suas litteras quam primum ad eos mitti contenderunt.* » H. Harth, *op. cit.*, II, p. 153-156.

21. En 390, comme Camille célébrait sa victoire sur les Gaulois, il fut plaisamment appelé, par ses soldats, Romulus, père de la patrie et le second fondateur de Rome.

22. *Leonardi Bruni Aretini ep., op. cit.*, IV, 5. Autre exemple d'amour des livres, celui de Cincio lorsqu'il avait trouvé à Saint-Gall un manuscrit sur écorce : « Celui-ci, bien qu'il contînt des caractères peu lisibles et fût incomplet, je le pressai sur mon cœur avec vénération à cause de son âge. » (cité par P. Ristelhuber, *Les Contes de Pogge, Florentin*, Paris, 1867, p. VIII). Dans cet ordre d'idées, Érasme écrira : « Je ne puis lire les ouvrages de Cicéron [...] sans couvrir quelquefois le livre de baisers et sans être saisi de vénération pour cette âme sainte inspirée par le génie du ciel. [...] [Ils] me rendent meilleur. » « Le Banquet religieux », in *Œuvres choisies*, édition et traduction J. Chomarat, Paris, 1991, p. 662-663.

23. F. Barbaro, *ibid.* Ce serait, selon la tradition, en effet Lucullus qui aurait introduit le cerisier à Rome (même si le mot

grec « cerisier » apparaît très tôt sur des tablettes mycéniennes : *cf.* P. Chantraine, *Dictionnaire étymologique de la langue grecque*, Paris, 1990, vol. 1, p. 518). L'allusion à Lucullus, le célèbre épicurien, n'est pas gratuite, puisqu'on sait qu'il ouvrait volontiers sa bibliothèque aux lettrés : « Sa maison était un asile, un Prytanée grec », écrit Plutarque. (*Vie de Lucullus*, 39). Comme lui, Poggio collectionnait les statues et les objets d'art. Le nom d'Appius Claudius Cacus (« premier écrivain latin dont les traits nous [sont] perceptibles », écrit H. Bardon dans *La Littérature latine inconnue*, Paris, 1912, vol. 1, p. 20) doit aussi le flatter, car Cicéron admirait ce personnage pour son éloquence. Il nous reste de lui ce vers célèbre : « *Faber est suae quisque fortunae* », « Chacun est l'artisan de sa propre fortune ». Enfin, ce passage sur les fruits est peut-être une réminiscence de Pline (*Histoire naturelle*, XV, 30). Macrobe consacre aussi un chapitre de ses *Saturnales* (2, 15) aux fruits, mais il n'y a aucune allusion à Appius.

24. « *Quattuor his annis nullam dedi operam studiis humanitatis, nec legi librum, quod ex ipsis litteris meis potes coniicere.* » « Pendant ces quatre années, je n'ai consacré aucun soin à l'étude des humanités, et je n'ai lu aucun livre, ce dont tu peux te rendre compte par mes lettres ». H. Harth, *op. cit.*, I, p. 54-56.

25. « *Nedum librum priscos, sed ullum quidem reperies uestigium antiquitatis* ». « On ne peut même pas trouver de bons livres, ni aucune trace de l'antiquité », écrit-il dans une lettre (12 février 1421). H. Harth, *op. cit.*, I, p. 34-37.

26. Dans une lettre à Niccoli (25 juin 1422), à propos de ce manuscrit trouvé en même temps que le *Brutus* et l'*Orator* en 1421 par Gerardo Landriani, évêque de Lodi, il écrit : « *Libros Tulli de Oratore perfectos, itemque Oratorem et Brutum integros esse repertos summe gaudeo neque mihi quicquam est molestius quam quod nequeo fieri quamprimum huius particeps uoluptatis.* » « Je me réjouis beaucoup que le *De Oratore* de Cicéron ait été découvert complet, l'*Orateur* et le *Brutus* en bon état, mais rien ne m'est plus pénible que de ne pouvoir participer à cette joie le plus vite possible. » H. Harth, *op. cit.*, I, p. 57-59. Personne n'avait pu déchiffrer ces textes ; ils furent envoyés à Barzizza qui dut avoir recours à un certain Cosme de Crémone. Poggio les recopia vraisemblablement en 1425.

27. Le thème de la Fortune est le sujet du quatrième livre, qui relate les voyages de Niccolo de Conti, et qui fut très vite édité séparément dans des récits de voyage, puis traduit en portugais dès le XVIe siècle.

28. Il l'évoque dans une de ses lettres : les épidémies pouvaient

alors causer plus de cinq cents décès par jour. C'est au regard de ce tableau apocalyptique, rehaussé par les prédications des confréries de flagellants, à l'époque des premières danses macabres, que l'on peut apprécier l'enthousiame, la truculence et l'humour si facétieux de Poggio.

29. Ce manuscrit se trouve à la Stadtsbibliothek de Berlin, cod. Hamilton lat. 166.

30. *Opera*, p. 295-297.

31. À Francesco Lignamine de Padoue, le 26 octobre 1438, in H. Harth, *op. cit.*, II, p. 328-330.

32. On trouvera des précisions sur son travail de copiste et un inventaire de ses livres dans Walser, *Poggius Florentinus Leben und Werke*, Berlin, 1914, p. 104-110 et 418-423. À sa mort, sa bibliothèque contenait 95 volumes (d'autres ayant déjà été donnés) d'auteurs païens mais aussi de Pères de l'Église, que Poggio étudia avec autant de passion. À titre comparatif, celle de Cosme en contenait, en 1418, moins de 70, mais en moins de deux ans avec l'aide de Vespasiano de' Bisticci et de 45 scribes, il fera recopier deux cents manuscrits, à l'origine de la Laurentienne. (C. Bec, *Le Siècle des Médicis*, Paris, 1977, p. 12).

33. Il fut chargé par Cosme de l'organisation de la bibliothèque Saint-Marc et fit passer le nombre de volumes de la Vaticane de 340 à 1 170.

34. *Opera*, p. 292.

35. Dans cette satire féroce contre les ordres mendiants, il attaque un ancien adversaire de Salutati, frère Giovanni Dominici, qui avait interdit à Florence les jeux de hasard et les toilettes féminines. Chez les contemporains de Poggio, ce type de critique n'est pas rare, ne citons que l'*Oratio adversus Hypocrisim* de Bruni, le *De Professione religiosum* de Valla et le *De Saeculo et religione* de Salutati. Et Pétrarque raillait déjà les « satrapes montés sur des chevaux couverts d'or » (cité par J. Delumeau, *La Civilisation de la Renaissance*, Paris, 1967, p. 144). Les papes eux-mêmes n'étaient pas aveugles sur les abus du clergé ; Eugène IV écrivait aux Pères du concile de Bâle, en 1434 : « Depuis la plante des pieds jusqu'au sommet de la tête, il n'y a pas, dans le corps de l'Église, une seule partie saine. » (*ibid.*, p. 143).

36. C. Nisard, *Les Gladiateurs de la République des lettres aux XVe, XVIe et XVIIe siècles*, 2 vol., Paris, 1860, vol. 1, p. 119.

37. Lettre à Giuliano Cesarini du 10 juillet 1432, in H. Harth, *op. cit.*, II, p. 141-145. « *Nolo esse sacerdos, nolo beneficia. Vidi enim plurimos quos bonos uiros censebam, maxime autem liberales post susceptum sacerdotium et auaros esse et nulli deditos*

uirtuti, sed inertie, otio, uoluptati. Quod mihi quoquo accidat ueritus, decreui procul a uestro ordine consumare hoc, quidquid superest, temporis peregrinationis mee. Ex hac enim magna capitis sacerdotum rasura conspicio non solum pilos abradi sed etiam conscientiam et uirtutem. »

38. L. Valla avait eu pour maître G. Aurispa, qui rapporta, vers 1430, des manuscrits de Constantinople parmi lesquels se trouvaient les œuvres complètes de Platon.

39. François Filelphe (1398-1481), « plus ignoble qu'un maquereau, plus impur que des prostituées, le plus débauché de tous les hommes » (Invective de 1435) est aussi le « héros » d'une célèbre *Facétie* de Poggio dont Rabelais s'inspira, la « Vision de François Filelphe » : « François Filelphe était jaloux et tourmenté par un immense souci : que sa femme ait affaire à un autre ; et il ne pensait qu'à la surveiller nuit et jour. Durant son sommeil lui apparut en songe (car il arrive souvent que les objets qui nous préoccupent éveillés rêparaissent en rêve) un démon qui lui offrit la sécurité à propos de sa femme, s'il acceptait de faire ce qu'il lui enjoindrait. Et comme il avait approuvé en dormant, ajouté que cela lui ferait grand plaisir, et même promis une récompense : "Prends cet anneau, dit l'autre, et garde-le bien au doigt. Car tant que tu le porteras là, ta femme ne couchera jamais avec un autre à ton insu." La joie le tira du sommeil, c'est alors qu'il sentit qu'il avait le doigt dans le con de sa femme. Excellent remède pour les jaloux, l'anneau qui empêche les épouses de se dévergonder à la barbe de leur mari ! »

40. Le succès fut immédiat : chacun demandait une copie de ce petit livre, qui circula d'abord dans un cercle d'amis, sous la forme de manuscrits qu'on trouve aujourd'hui disséminés dans toute l'Europe, puis qui fut son premier ouvrage à être imprimé ; on en compte 34 éditions entre 1470 et 1500, en latin ou en langue vulgaire. Ce *libellus*, destiné au départ à divertir ses proches, se trouva bientôt dans tous les plus grands ateliers d'imprimeurs européens et fit passer Poggio à la postérité, même si certains censeurs crièrent au scandale : publié avec l'assentiment papal, il fut pourtant mis au premier Index, en 1546.

41. À la demande de Nicolas V, Poggio avait traduit les livres 1 à 4 de Diodore, d'après un (ou plusieurs) manuscrit qui n'a pas été identifié et qui donna lieu à une édition en 1472, largement diffusée. *Cf.* Introduction à la *Bibliothèque Historique*, par P. Bertrac, Paris, 1993, p. CXLVII-CXLIX.

42. Cette conjuration de 1478 coûta la vie au frère de Laurent Le Magnifique, Julien, qui en réchappa de justesse. Le fils de Poggio fut condamné à être pendu.

43. « Ce n'est pas en apprenant ou en lisant, mais en agissant et en faisant des expériences qu'on acquiert la sagesse. » (Lettre à Bartolomeo Guasco, automne 1439, in H. Harth, *op. cit.*, II, p. 353-354.)

44. « Aucun souverain, aucun pontife ne daignèrent l'aider à arracher des mains des barbares ces illustres captifs. » (*Opera*, p. 394). Le cardinal Orsini, ayant fait l'acquisition des comédies de Plaute rapportées d'Allemagne par Nicolas de Cues, fit beaucoup de difficultés pour prêter le manuscrit à Poggio afin de lui permettre de les copier. Celui-ci écrit à ce propos à Niccoli (le 3 septembre 1430) : « Il croit avoir fait une grande chose. Cependant, il n'a fourni aucune aide pour cette découverte, mais il agit ainsi pour cacher ce qu'un autre a trouvé. » H. Harth, *op. cit.*, I, p. 106-108. « Si tu penses à cela [l'exemple de Caton], lui écrit Barbaro (*ibid.*), tu supporteras l'injustice de notre époque avec plus de courage et de résignation. » Maigre consolation !

45. « Dieu est parfois malicieux », écrit G. Matzneff à propos des trouvailles du Pogge lors du concile de Constance. In *Maîtres et complices*, Paris, 1994, p. 33.

46. Nisard, *op. cit.*, vol. 1, p. 66.

47. *Cf.* Kristeller, *Iter Italicum*, II, p. 296.

48. *Idem*, III, p. 481.

49. Catalogue de Ricci et Wilson, p. 703, Urbana n° 19, f° 105r-106v.

50. D'autres proposent la date de 1437 pour ce dialogue, comme R. Fubini dans l'édition en fac-similé des *Opera Omnia* de Poggio (second tome, *Opera miscellanea edita et inedita*, Bottega d'Erasmo, Turin, 1966), s'appuyant sur une lettre du 18 juillet 1437 à Piero del Monte (H. Harth, *op. cit.*, II, p. 249-250) dans laquelle on trouve certains des arguments développés dans le dialogue.

51. On peut lire leur contrat dans Walser, *op. cit.*, p. 353.

52. *Cf.* Appendice.

53. Poggio emprunte d'ailleurs à Quintilien le titre de son dialogue. *Institution oratoire*, III, 5, 8 et 16 : « La question générale est toujours très vaste ; en effet la question particulière procède d'elle ; pour éclairer mon propos par un exemple, voici une question générale : "Doit-on se marier ?" [*an uxor ducenda*], et une particulière : "Caton doit-il se marier ?" qui peut devenir ensuite un thème de suasoire. [...] On ajoute encore qu'il y a des questions qui concernent les choses en elles-mêmes et d'autres qui se réfèrent à quelque chose de précis, ainsi : "Doit-on se marier ?" appartient au premier type, "un vieil homme doit-il se marier ?" au second. »

54. Anecdotes et bons mots des convives devisant lors d'un

symposium qui est, plus qu'un banquet, un phénomène culturel. On peut citer les *Propos de table* de Plutarque, les *Deipnosophistes* d'Athénée, et les *Saturnales* de Macrobe. Sur les banquets dans l'Antiquité, dont les deux plus célèbres sont celui de Platon et le festin de Trimalcion dans le *Satiricon* de Pétrone, *cf.* F. Dupont, *Le Plaisir et la loi,* Paris, 1977, et F. Lissarague, *Un Flot d'images,* Paris, 1987.

55. Né et mort à Florence (1364/5-1437). Il fut l'élève de Luigi Marsili. Critique réputé, il constitua une bibliothèque de plus de 800 ouvrages, qu'il fit construire à ses frais pour y placer les livres que Boccace avait légués au monastère du Saint-Esprit. On ne connaît de lui qu'un traité d'orthographe, dont Guarino fit la critique, et trois lettres en italien. Il est l'interlocuteur de deux autres dialogues de Poggio : le *De Infelicitate principum* et le *De Nobilitate*, et des *Dialogi ad Petrum Histrum* de Bruni. Il mourut dans l'indifférence quasi générale, ce qui scandalisa Poggio qui fit alors publier son Éloge funèbre. *Cf.* Vespasiano da Bisticci, *Le Vite,* éd. Aulogreco, Florence, 1970-1976, II, p. 225-242 ; A. C. de la Mare, *Handwriting of the Italian Humanists*, Oxford, 1973, p. 44-59 ; Zippel, *Niccolò Niccoli*, Florence, 1890 ; Manetti, dans la préface aux lettres de Traversari de Lorenzo Mehus, in *Praefatio Ambrosii Traversarii latinae epistolae*, Florence, 1759. Il a joué un grand rôle pour l'édition du texte du *Periégèse* de Pausanias, puisque tous les manuscrits postérieurs à 1450 dérivent d'un unique manuscrit lui ayant appartenu et dont on perdit toute trace au XVIe siècle. Sur ce point, *cf.* l'édition de Pausanias procurée par M. H. Rocha-Pereira, Leipzig, 3 vol., 1988-1990, p. v-xx.

56. Carlo Marsuppini (1398-1453) occupa une chaire d'éloquence latine à Florence. En 1441, il fut nommé par Eugène IV secrétaire apostolique, peut-être sur les conseils de Poggio. À la mort de Bruni, en 1444, il devint chancelier de Florence. Poggio en fit l'un des acteurs du *De Infelicitate principum* et de l'*Historia disceptativa conuiualis. Cf.* Bisticci, *op. cit.*, I, p. 591-594 ; M. E. Cosenza, *Biographical and bibliographical Dictionary of the Italian Humanists and the World of Classical Scolarship in Italy 1300-1800*, Boston, 1962-1967, p. 268-271.

57. La Fontaine, un autre admirateur du Pogge, la définit ainsi : « Je n'appelle pas gaieté ce qui excite le rire, mais un certain charme, un air agréable qu'on peut donner à toutes sortes de sujets, mêmes les plus sérieux. » (Préface des *Fables*). Le thème de la *relaxatio animi* est cher à Poggio, et l'idée d'un divertissement légitime et nécessaire qui mêle le sérieux et l'agréable se retrouve dans la plupart de ses œuvres.

58. « Mais que les censeurs trop coincés et les critiques sévères s'abstiennent de la lecture de ces confabulations (car je veux qu'on les appelle ainsi). Car je veux être lu par des esprits gais et cultivés (comme Lucilius des Consentins et des Tarentins). Quant aux ploucs, qu'ils pensent ce qu'ils veulent, je ne m'y oppose pas, pourvu qu'ils n'accusent pas un auteur qui a écrit pour soulager son esprit et exercer son talent. » (Préface des *Facéties*).

59. Plus tard, Rabelais écrira ses livres dans le même esprit, et se vantera dans le Prologue du *Pantagruel* d'avoir guéri grâce à ses « Chronicques » ceux qui sont « grandement affligez du mal des dentz » et qui les ont appliquées « entre deux beaulx linges bien chaulx [...] les sinapizand avecques un peu de pouldre d'oribus ». Quant aux « pauvres vérolez et goutteux », « toute leur consolation n'estoit que de ouyr lire quelque page dudict livre » pour sentir « allégement manifeste ». Rabelais, *Œuvres complètes*, éd. G. Demerson, Paris, 1973, p. 213-215.

60. Valla reprocha à Poggio de l'avoir chassée. Le renseignement sur le nombre des enfants, provenant d'une de ses invectives, est plus qu'incertain, et sans dout exagéré. Le Pogge avait légitimé en tout cas trois de ces enfants naturels en 1433, et laissera dans son testament de 1443 une somme d'argent à Guccio, le plus jeune d'entre eux. Sur ce point, cf. Walser, *op. cit.*, p. 161.

61. Lettre à Giuliano Cesarini du 10 juillet 1432, in H. Harth, *op. cit.*, II, p. 145. « *Asseris me habere filios, quod clerico non licet ; sine uxore, quod laïcum non decet. Possem respondere habere filios me, quod laïcis expedit, et sine uxore, qui est mos clericorum ab orbis exordio obseruatus.* »

62. Francesco Barbaro (1398-1454) descendait d'une illustre famille vénitienne ; ce surnom de « barbare » fut donné à l'un de ses ancêtres pour sa bravoure dans une bataille contre les « Sarrazins ». Il fut élève de Jean de Ravenne et de Barzizza, et si brillant qu'on le fit entrer à l'âge de vingt et un ans au Grand Conseil de Venise. Il fit un discours en grec à Jean Paléologue lorsqu'il débarqua en Italie, et fut envoyé en Hongrie par Sigismond pour y combattre les hérétiques. Eugène IV l'employa comme ambassadeur et il devint procurateur de Saint-Marc en 1452. Il composa le *De Re uxoria* vers l'âge de dix-huit ans, ce qui explique sans doute l'enthousiasme de Poggio ; ce livre fut à l'origine de leur amitié, comme plus tard entre Montaigne et La Boétie à propos du *Discours de la servitude volontaire*, composé vers l'âge de dix-huit ans également.

63. 31 décembre 1416. *Epistolae*, éd. T. Tonelli, Florence, 1832-1861, I, 3, p. 20-21.

NOTES DES PAGES XXXVI À XXXVII

64. *Cf.* R. Sabbadini, *Epistolario di Guarino Veroniensis*, Venise, 1915-1919, I, p. 213-215 et III, p. 88-89.

65. *Cf.* Shepherd, *Vie de Poggio Bracciolini*, p. 84-88, note 1 p. 88, et P. Gothein, *Francesco Barbaro*, p. 123-126.

66. Niccolò ne se maria pas, mais enleva publiquement la maîtresse de son frère, qui vivait sous le même toit, une certaine Benvenuta. Les querelles des deux frères au sujet de cette femme étaient célèbres à Florence, qui aimait le scandale. Voici ce qu'en dit Shepherd : « Les honteux attachements, semblables à celui qui asservissait Niccolò à Benvenuta, donnent en général un empire absolu à des femmes artificieuses et méchantes sur des caractères faibles. » (*Op. cit.*, p. 124). Le fait est qu'elle fit se brouiller Niccolò avec ses amis, surtout Leonardo Aretino, avec qui il ne correspondit plus que par invectives (ce qui attrista fort Poggio alors en Angleterre), et même Laurent de Médicis.

67. À Niccolò Niccoli, 30 novembre 1421 (de Londres), H. Harth, *op. cit.* I, p. 28.

68. À Nicolas Bildeston, le 6 février 1436, H. Harth, *op. cit.*, II, p. 202-203.

69. Tiron, le secrétaire de Cicéron qui avait lui aussi épousé une très jeune fille, trois ans avant de mourir, avançait également l'argument pécuniaire.

70. Une lettre de l'hiver 1457-1458 mentionne sa maladie, qui préoccupe Poggio (À Lorenzo Tirensi, in H. Harth, *op. cit.*, III, p. 474). Elle meurt l'année suivante, quelques mois avant lui. La douleur qu'il ne veut pas alors exprimer n'est pas sans rappeler les larmes que Saint-Simon trace sur le manuscrit des *Mémoires* à la mort de son épouse : « Au sujet de la mort de ma femme, j'ai jugé préférable de garder le silence de peur de raviver la blessure qu'elle m'a causée, qui fut et est encore très profonde et très amère. » H. Harth, *ibid.*

71. « Une adolescente bolognaise jeune mariée se plaignait à un dame très respectable, ma voisine, d'être battue trop énergiquement et trop souvent par son mari. La dame lui en ayant demandé la raison, elle répondit qu'il ne supportait pas qu'elle restât immobile comme une bûche quand il accomplissait son devoir marital. "Pourquoi, lui dit l'autre, ne faites-vous pas preuve de complaisance envers votre mari au lit, et n'obéissez-vous pas à ses volontés ?" – Je ne sais pas, madame, comment ça se passe, dit-elle. En fait, personne ne m'a jamais appris comment on doit faire : car si je le savais, je ne souffrirais pas d'être frappée avec des verges par mon mari !" Ingénuité étonnante de cette enfant qui pouvait ignorer des choses naturelles, connues même des femelles ! Cela, je l'ai raconté plus tard à ma femme pour l'amuser. » (*Facétie*, 117).

72. S'appuyant sur l'exemple du médecin italien Jean Manard (1462-1536) auquel Bayle consacre un des articles de son Dictionnaire : « S'étant marié fort vieux avec une jeune fille, il fit des excès qui le tuèrent. Les Poëtes [Paul Jove] ne manquèrent pas de plaisanter là-dessus, et principalement ceux qui surent qu'un Astrologue lui avoit prédit qu'il périroit dans un fossé. » Voilà « le ridicule des vieillards qui se proposent de faire des noces quand ils doivent penser à leurs funérailles. » (*Dictionnaire historique et critique*, Paris-Genève, 1995, III, p. 301.) Assurément, Le Pogge fut plus prudent puisqu'il conseille à un de ses correspondants « de ne pas se fatiguer au lit » et à un autre de lui épargner des conseils sur la mesure à observer dans le « déploiement des voiles ».
73. *Cf.* Walser, *op. cit.,* p. 348 et 359.
74. Pietro-Paulo (1438-1464), prieur dominicain de Santa-Maria-della-Minerva à Rome, Giovan-Batista (1439-1470), docteur en droit, chanoine de Florence et d'Arezzo, qui écrivit la vie du condottiere Niccolo Piccinino, Jacopo, qui mourut dans la conjuration des Pazzi, Giovan-Francesco (1447-1522), secrétaire de Léon X, et Filippo, né en 1450, ce dont se félicite Poggio dans une lettre car il est alors âgé de soixante-dix ans.
75. Deux partis s'opposent, celui des misogynes (les auteurs de fabliaux notamment), et les partisans de l'amour courtois. Cette querelle fut ravivée par Jean de Meung, qui attaque les femmes dans la seconde partie du *Roman de la Rose*. Christine de Pisan y répondit, et, entre 1595 et 1655, au moins 21 ouvrages furent publiés pour ou contre les femmes. Au XVIe siècle, cette question resta d'actualité : citons par exemple *La Forêt de mariage* (1521) de l'Italien Nevizan, qui traite de la question « Faut-il se marier ou non ? », *Les Triomphes de la noble Dame amoureuse ou l'art d'honnêtement aimer* (1530) de Jean Bouchet, *De la Noblesse et de la précellence du sexe féminin* d'Agrippa de Nettesheim (1529), mais aussi des traités de juristes comme Tiraqueau (*De Legibus connubialibus* ou Bouchard dans son discours *Aduersus Andream Tiraquellum* (1522). Dans les années 1542 à 1550, ce débat juridique fit naître la « Querelle des femmes » avec *La Parfaicte Amye* d'Antoine Héröet (1541), réponse à la *Controverse des sexes masculin et féminin* (1534) de Gratian du Pont, et *L'Amye de court* (1542) de La Boderie qui suscite *La Contre-amye de court* l'année suivante de Charles Fontaine, ou encore *Le Fort inexpugnable de l'honneur du sexe féminin* (1555) de François de Billon.
76. Publius Syrus, *Sentences* : « C'est un adultère que d'aimer trop passionnément sa femme. » (« *Adulter est uxoris amator acrior* »). Montaigne écrira aussi : « Ces encherimens deshontez

que la chaleur premiere nous suggere en ce jeu [amoureux], sont, non indecemment seulement, mais dommageablement employez envers noz femmes. Qu'elles apprenent l'impudence, au moins d'une autre main. Elles sont toujours assez esveillées pour nostre besoing. Je ne m'y suis servy que de l'instruction naturelle et simple. C'est une religieuse liaison, et devote, que le mariage ; voilà pourquoy le plaisir qu'on en tire, ce doit estre un plaisir retenu, serieux et meslé à quelque severité ; ce doit estre une volupté aucunement prudente et conscientieuse. Et, parce que sa principale fin c'est la generation, il y en a qui mettent en doubte si, lors que nous sommes sans l'esperance de ce fruict, comme quand elles sont hors d'aage, ou enceintes, il est permis d'en rechercher l'embrassement. » *Essais*, I, XXX.

77. Le premier humanisme loue la vie active, le travail et la richesse et se caractérise par sa confiance en l'homme et en sa *virtù*. « L'homme est né pour être utile à l'homme », écrit Alberti, ou encore « L'homme est né non pour moisir sur sa couche, mais pour se lever et agir. » (*I Libri della famiglia*, II, in *Opere volgari*, Bari, 1960, p. 131 et 137). C'est dans cet état d'esprit que les humanistes critiquent les ordres monastiques, oisifs, stériles et inutiles à la société, sans pour autant prendre parti contre la religion en général. De même, Matteo Palmeri avait, dans sa *Vie civile*, exprimé le mythe de Dante, promis à la félicité éternelle pour le rôle qu'il avait joué dans la cité. On peut être surpris de l'obsession de Poggio à dénoncer l'avarice : il faut y voir également le symbole du contraire de l'échange (Florence est avant tout une cité de marchands), de la circulation des biens (matériels et spirituels), d'un immobilisme étouffant. Cette exaltation de l'action disparaîtra avec le second humanisme, contemplatif ; le passage s'opère vers 1460, au moment où Marcile Ficin développe sa philosophie néo-platonicienne, et lors du passage d'un gouvernement oligarchique à un régime autoritaire.

78. On trouve dans certains passages des ressemblances frappantes avec le style de Poggio : « Elle [ma femme] est telle à mes yeux que je ne désirerais pas en changer, même si je pouvais. Et c'est surtout pour cette raison que je m'estime comblé par la fortune. Car je ne partage pas l'avis de certains qui jugent que c'est une chance d'être resté célibataire. Je préfère ce que dit le sage hébreux : l'homme qui a trouvé une bonne épouse a trouvé un trésor. » Érasme, *Colloques*, « Le Banquet religieux », 1522, in *Œuvres choisies*, éd. citée, p. 653. Allusion à un vers de Térence : « Je n'ai jamais pris de femme : ce que certains considèrent comme un bonheur. » (*Adelph.*, 43-44).

79. Dans cette satire, les deux interlocuteurs, Pétrone et l'archange Gabriel, s'insurgent de ce qu'une jeune beauté soit mariée à un vieillard syphilitique et font un plaidoyer pour l'hygiène en projetant de publier un édit qui interdirait de boire dans le même verre qu'un autre, de dormir dans des draps sales ou de ne plus vénérer les icônes en les baisant.

80. Hippothadée, le théologien, développera les mêmes arguments que Poggio, et principalement l'importance de la vertu des époux : « Pour renfort de cette discipline, vous, de vostre cousté, l'entretiendrez [votre femme] en amitié conjugale, continuerez en preud'homie, luy monstrerez bon exemple, vivrez pudicquement, chastement, vertueusement en vostre mesnaige, comme vous voulez qu'elle, de son cousté, vive. » *(Tiers Livre,* XXX).

Un Vieux doit-il se marier ?

1. Écrire, afin que les paroles ne tombent pas dans l'oubli, est un *leitmotiv* chez Poggio, soucieux de transcrire ce qu'il a entendu. À propos des *Facéties,* qui sont en fait des « bons mots », il écrit à un correspondant : « Je les ai consignées par écrit pour le plaisir des lecteurs. » (« *Ego eas uoluptatis legentium causa litteris mandaui.* ») Dans la préface il le souligne encore : « Car qui pensera que je me suis déshonoré en suivant leur exemple [les Anciens] [...] en passant dans le soin d'écrire [*in scribendi cura consumere*] le temps que d'autres gaspillent à bavarder dans des cercles et des réunions maculines. » Avant même l'imprimerie, son horizon est déjà l'écrit, qui, loin de « geler » les paroles, leur confèrent et leur conservent la vie. Il dit clairement sa volonté de transcrire les mots des autres *(aliorum dicta referenda)* fidèlement *(ad uerbum),* son souci de préserver la vivacité et la spontanéité de la langue parlée. Il croit à son efficacité : ainsi, un discours de Salutati est à ses yeux aussi plus utile à la patrie qu'une armée.

2. On employait l'ellébore pour guérir de la folie : *cf.* Horace, *Art poétique,* v. 300 ; Pline, *Histoire naturelle,* XXV, 22 ; La Fontaine, *Le Lièvre et la tortue* : « Ma commère, il faut vous purger / avec quatre grains d'ellébore. » Molière, *Amphitryon,* II, 2 : « Elle a besoin de six grains d'ellébore, / Monsieur, son esprit est tourné. »

3. Hésiode, *Les Travaux et les jours,* v. 695 sq. : « Conduis une femme dans ton foyer en temps opportun : ne dépasse pas de beaucoup tes trente ans, ne les devance pas trop non plus, pour toi c'est le moment idéal pour se marier. Quant à la femme, qu'elle reste

pubère pendant quatre années, et se marie la cinquième. Épouse une jeune fille, pour lui enseigner des mœurs respectables. [...] Il n'y a pas de meilleur trophée pour un homme qu'une épouse vertueuse, et au contraire rien de plus fâcheux qu'une femme mauvaise, à l'affût d'un souper. »

Aristote, *Politique*, livre VII, 16 (1335a) : « La différence d'âge entre fils et pères ne doit pas être trop importante, ni trop faible. [...] En effet, la fin de la procréation dans la plupart des cas est fixée pour les hommes à soixante-dix ans comme limite extrême, et à cinquante ans pour les femmes : il faut que les rapports sexuels commencent à un âge qui tombe dans ces temps-là. L'accouplement de personnes jeunes nuit à la procréation : car chez tous les êtres vivants, la descendance de jeunes gens est imparfaite et produit plutôt des filles [elles étaient considérées comme des "mâles mutilés", à cause de leur impuissance à transformer le sang en sperme], ou des enfants de petite taille. » Aristote fixe à dix-huit ans pour les femmes, trente-sept pour les hommes l'âge idéal du mariage ; c'est, selon lui, le moment où les corps sont le plus vigoureux. Il suppose aussi un écart de vingt ans maximum entre les époux. Mais la pratique courante était de marier les filles beaucoup plus jeunes (en Crète, dès douze ans), comme le montre l'exemple des Trézéniennes qu'il cite dans ce passage. Les traités de médecine antique se penchent invariablement sur ce problème : tous s'accordent à prescrire le mariage à des adolescentes déjà nubiles. Clément d'Alexandrie écrira dans son *Logos gamicos* (Patrol. Migne 1022 = III, 501, Dindorf) : « On dit que non seulement la prostitution des jeunes filles cause leur perte, mais aussi le mariage avant l'âge fixé, quand celle-ci est donnée à un époux pour ainsi dire trop verte. » Aristote, sans doute soucieux d'appliquer ses théories, épousa lui-même vers quarante ans la jeune Pythias, ce qui lui attira des calomnies de la part de ses contemporains.

Rabelais aussi se souviendra de ce passage dans le *Tiers Livre* : « Je voy Panurge (dist Rondibilis) bien proportionné en ses membres, bien tempéré en ses humeurs, bien complexionné en ses espritz, en aage compétent, en temps opportun, en vouloir équitable de soy marier : s'il rencontre une femme de semblable temperature, ilz engendreront ensemble enfans dignes de quelque monarchie Transpontine. Le plus toust sera le meilleur, s'il veult veoir ses enfans pourveuz. » (Chapitre XXXI).

Au début du XIVe siècle en Italie le mariage des filles était fixé généralement à quinze ans.

4. Le mot utilisé par Aristote pour désigner les relations sexuelles, *suzeuxis*, signifie d'abord « l'union sous le joug ».

5. Le champ lexical majoritaire dans ce paragraphe est celui de la pesanteur, inconvénient habituel de la vieillesse (Cicéron, *De senectute*, I, 2 : *onere senectutis*), ici transposé à l'épouse.
6. Il s'agit peut-être d'un souvenir du passage de la *République* (VIII, 549 d-e) où Platon expose les différents modes de gouvernement : « Quand, disais-je, d'abord il [le jeune homme] entend sa mère se fâcher de ce que son mari ne fait pas partie des magistrats, ce qui la lèse par rapport aux autres femmes, quand elle le voit si peu empressé à s'enrichir, ne pas lutter et ne pas savoir faire des reproches dans les tribunaux et en particulier dans l'assemblée du peuple mais supporter avec placidité des injures de cette espèce et quand elle s'aperçoit qu'il ne pense toujours qu'à lui, mais qu'elle, il ne l'honore et ne la méprise pas non plus, tout cela la fâche et elle dit que son père n'est pas un homme, qu'il est trop mou et d'autres propos du même genre que les femmes adorent débiter sur de semblables sujets. »
7. Rabelais appellera ces femmes « glouttes du plaisir venerien » (*Tiers Livre*, XXVII).
8. « Quiconque manquerait au devoir d'engendrer et pratiquerait la stérilité serait injuste envers soi et les siens, mauvais envers le genre humain et suprêmement ingrat envers la nature. Je ne comprends pas pourquoi ces gens-là calomnient le mariage, l'attaquent, le tournent en ridicule et le condamnent, alors que le mariage est un commandement de Dieu, un sacrement de l'Église, le principe légitime du genre humain et le lien de la société des mortels » (Salutati). Il est remarquable que Poggio n'avance pas une seule fois l'argument religieux.
9. Nous avons sur ce point le témoignage d'une femme : « Mon ami, j'en suis plus sûre que jamais, tout homme qui a du talent, du génie, et qui est appelé à la gloire, ne doit pas se marier. Le mariage est un véritable éteignoir de tout ce qui est grand et qui peut avoir de l'éclat. Si on est assez honnête et assez sensible pour être un bon mari, on n'est plus que cela, et sans doute ce serait bien assez, si le bonheur est là. Mais il y a tel homme que la nature a destiné à être grand et non à être heureux. Diderot a dit que la nature, en formant un homme de génie, lui secoue le flambeau sur la tête en lui disant : "Sois grand homme, et sois malheureux". » Lettre de Julie de Lespinasse, 23 octobre 1774.
10. Le mauvais caractère de Xanthippe était légendaire. Plutarque y fait allusion dans ses *Œuvres morales* (461 d, *Du Contrôle de la colère*) : Socrate ayant invité Euthydème à dîner, elle renversa la table. Érasme cite ce passage dans *Le Banquet religieux*.

11. Platon ne se maria pas, mais le témoignage d'Athénée dans sa compilation sur les femmes et l'amour tend à faire croire qu'il aimait le beau sexe. (« Et notre grand Platon ? N'a-t-il pas aimé Archéanassa, la courtisane de Colophôn ? Il alla jusqu'à la célébrer dans un quatrain :
"Je possède Archéanassa, la courtisane de Colophôn. Dans ses rides survit un Amour fort cuisant. Ah ! malheureux qui l'avez connue au temps de sa jeunesse, à ses débuts, par quel incendie avez-vous dû passer !" » (*Deipnosophistes*, XIII, 56).

12. Aristote ne fut pas marié, mais Athénée rapporte aussi qu'il s'enticha d'une courtisane : « Est-ce qu'il n'a pas eu son fils Nicomachos d'une courtisane, de Herpyllis ? Et n'a-t-il pas vécu jusqu'à son dernier jour avec cette femme ? Au livre I de son *Aristote*, Hermippos ajoute qu'Aristote eut soin d'assurer l'avenir de Herpyllis par testament. » (*Deipn., ibid.*).

13. Il épousa la fille de Salonius, son client, un greffier, alors qu'il était beaucoup plus vieux qu'elle.

14. Selon R. Fubini, *op. cit.*, p. 676, ce passage est une réminiscence de L'*Adversus Jouinianum* de saint Jérôme qui cite l'ouvrage de Théophraste, *De Nuptiis* sur la question de savoir si « un homme sage doit se marier ». La réponse était négative car « personne ne peut donner de soins également à ses livres et à sa femme ». (I, 47 ; *Patr. Lat.*, XXIII, col. 276). Ce texte était connu au Moyen Âge, et Salutati le cite.

15. Cet argument est remarquable parce qu'il ne dit pas : la femme, et les soucis domestiques, détourneraient l'homme de son œuvre. Chez Érasme, et jusqu'à Brantôme, elle empêche surtout d'accomplir son devoir envers Dieu, en tant qu'elle est « née pour l'homme » (saint Paul, *Cor.* I, IX, 9) mais que celui-ci n'est pas né pour lui-même : « Je interprete (dist Pantagruel) avoir et n'avoir femme en ceste façon, que femme avoir est l'avoir à usaige tel que Nature la créa, qui est pour l'ayde, esbatement et société de l'homme ; n'avoir femme est ne soy apoiltronner au tour d'elle, pour elle ne contaminer celle unicque et supreme affection que doibt l'homme à Dieu, ne laisser les offices qu'il doibt naturellement à sa patrie, à la République, à ses amys, ne mettre en non chaloir ses estudes et negoces, pour continuellement à sa femme complaire. » (*Tiers Livre*, XXXV).

16. « Or, le meilleur expédient que nous estimons pour cela est que les maris, dès le commencement de leur mariage, fassent connaître à leurs épouses qu'ils ne veulent pas être les ministres de leur volupté, mais les aides de leurs nécessités. » Francesco Barbaro, *De Re uxoria*, l. II, chap. 6.

17. « Quand je diz femme, je diz un sexe tant fragil, tant variable, tant muable, tant inconstant et tant imperfaict... » (*Tiers Livre*, XXXII).
18. *Topos* : on confie le gouvernail au plus vieux, qui, faute de posséder la force physique pour veiller à la bonne marche du vaisseau, peut le conduire par son expérience et sa science en matière de navigation. *Cf.* Cicéron, *De Senectute*, VI, 17. « [La vieillesse] ne fait pas ce que font les jeunes gens ; elle le fait bien mieux et bien plus ; ce ne sont pas les forces, l'agilité ou la rapidité physiques qui font les grandes actions, mais la prudence, l'autorité, les opinions : loin d'en être privée, la vieillesse en a même généralement davantage. »
19. « *Nisi clauiculis tanquam manibus* » : on trouve l'expression chez Cicéron (*De Senectute*, XV, 52 : *clauiculis quasi manibus*) dans son développement sur l'agriculture, le plaisir des vieillards. « Certes, la vigne, qui tombe par nature, sans tuteur, se porte vers la terre, mais, pour se dresser, elle embrasse tout ce qu'elle a trouvé avec des vrilles comme avec ses mains. » L'expression, transférée à la jeunesse, est ici originale : voilà comment Poggio utilise sa connaissance des textes anciens.
20. « Tu me reproches mon poil grisonnant et ne consydere poinct comment il est de nature des pourreaux [poireaux], es quelz nous voyons la teste blanche et la queue verde, droicte et viguoureuse », dit Panurge à frère Jean dans le *Tiers Livre* (XXVIII).
21. La comparaison de la jeune fille avec la cire se trouve aussi chez Barbaro, *op. cit.*, l. II chap. 3.
22. « Car celle-ci suit sa manière de vivre [de son mari] ainsi qu'un petit poussin suit sa mère. » Barbaro, *ibid.*, II, chap. 6.
23. Cicéron, *De Senectute*, XVIII, 66 : « Bien, plus, cet âge aussi [la jeunesse] a bien plus de chance de mourir que nous : les jeunes gens tombent bien plus facilement malades, sont plus gravement atteints, plus difficilement soignés, c'est pourquoi seul un petit nombre arrive à la vieillesse. [...] Mais je reviens à la mort qui nous menace : pourquoi en faire le grief fait à la vieillesse puisque vous voyez qu'il est commun à la jeunesse ? »
24. Contrairement à l'homme plus vieux. *Cf. De Senectute*, XII, 39-42, sur les dangers des plaisirs corporels.
25. Condottiere mort en 1385, père de Charles et Pandolphe III.
26. Charles Malatesta (1368-1429), seigneur de Rimini, prince célèbre pour sa bravoure et sa culture, envoyé par le pape Grégoire XII au concile de Constance.
27. Réfutation d'un *topos*. *Cf.* par exemple, Athénée, *Deipnosophistes*, XIII, 9 : « Une jeune femme n'est pas ce qu'il

faut à un vieillard. Elle n'est pas comme une barque. Elle n'obéit pas le moins du monde à un seul gouvernail. Et, brisant son attache, la nuit, elle cherche à gagner un autre port. »

Choix de lettres

1. 1360-1431. Né à Bergame (?), disciple de Jean de Ravenne, professeur de rhétorique à Padoue et à Milan, précepteur de Francesco Barbaro. Il se trouvait à Constance en même temps que Poggio, en tant que secrétaire de Martin V. Il nous reste de lui un traité d'orthographe, quelques discours et un commentaire sur les lettres de Sénèque.

2. Cette lettre arrive pendant une convalescence de Poggio ; Barzizza le félicite d'avoir réchappé de la peste dans le passage précédant cet extrait.

3. Le texte de cette lettre, ainsi que la suivante, n'est rien moins que sûr.

4. Horace, *Odes*, III, 24, 21 : « *Dos est magna parentium / uirtus et metuens alterius uiri / certo foedere castitas.* » (« Une grande dot, c'est la vertu des parents, et la chasteté qui, dans un lien sûr, redoute un autre homme. »)

5. Pétrone, *Satiricon*, XCIV, 1 : « *Raram fecit mixturam cum sapientia forma.* » (parole d'Eumolpe à Giton). On trouve la même idée chez Juvénal (*Satires*, X, 298.) Athénée, *Deipn.* XIII, 90, cite Théophraste : « Il vaut mieux honorer la modestie. Car la beauté n'est vraiment belle qu'accompagnée de modestie ; autrement, elle court le risque de mener au désordre. »

6. Selon Horace : « On raconte que l'antique Caton souvent par du vin réchauffait sa vertu. » (*Odes*, III, 21, 11-12). « Il faut savoir se divertir : Socrate ne rougissait pas de jouer avec de petits enfants, et Caton détendait son esprit fatigué des soucis publics avec du vin. » (Sénèque, *De Tranquillitate animi*, XVII, 3). « Qui en effet ignore que rien de ce que l'on croit être mal ou bien n'est pour le sage ce que pense le commun ? » (*De Constantia sapientis*, XIV, 3). « Que tous sachent que ce ne seront pas des maux, ce dont j'ai jugé Caton digne. » (*De Prouidentia*, III, 14). *Cf.* aussi Rabelais, Prologue du *Tiers Livre :* « Caton jamais n'escrivit que après boire. »

7. Cicéron, *Lettres à Atticus*, XIV, 20, 3 : « *Suam quoique sponsam, mihi meam ; suum quoique amorem, mihi meum.* » (Citation du poète Atilius) : « Chacun sa femme, à moi la mienne ; à chacun ses amours, à moi les miennes. »

8. Notaire au service du Saint-Siège.
9. Il s'agit peut-être de la broderie, puisque Minerve avait enseigné aux filles de Pandare l'art d'exceller dans les travaux féminins. Aux grandes Panathénées, on promenait dans les rues d'Athènes le voile de la déesse tissé par des femmes. Mais Poggio fait peut-être aussi allusion à la représentation de la déesse de la sagesse, qui resta vierge, dans une beauté simple, avec un air grave et modeste. Mantegna la montrera chassant les vices du jardin de la vertu dans son *Triomphe de la Vertu* (v. 1504). *Cf.* R. Wittkower, « Transformations of Minerva in Renaissance Imagery », *Journal of the Warburg and Courtauld Institutes*, 2, 1938-1939, p. 194-205. Cf. Rabelais : « La Déesse que ne aurez favorable est Minerve, vierge tresredoubtée, déesse puissante, fouldroiante, ennemie des coquz, des muguetz, des adulteres, ennemie des femmes lubricques non tenentes la foy promise à leurs mariz et à aultruy soy abandonnantes. » (*Tiers Livre*, XII).

10. Ce mot, *uelificatio*, est un hapax de Cicéron dans sa correspondance ; Poggio en fait une métaphore hardie. À la même époque dans les *Facéties*, il emploie une expression similaire (*ad nauigandum plenis uelis*). *Facétie* 231, « Une jeune femme jouée par un vieux mari » : « Un Florentin déjà vieux épousa une jeune femme à qui des matrones avaient conseillé de résister, la pre-mière nuit, aux assauts de son mari et de ne pas livrer la forteresse à la première attaque. Elle refusa de combattre. Le mari, s'apprêtant à naviguer à pleines voiles et à y consacrer tout son soin, quand il vit son refus, lui demanda pourquoi elle ne cédait pas à ses désirs. Comme la jeune vierge avançait une migraine, lui, sa verge déconfite, lui tourna le dos et dormit jusqu'au petit matin. La jeune femme, voyant qu'elle ne serait pas davantage sollicitée et regrettant d'avoir suivi le conseil donné et de ne pas avoir consenti aux volontés de son époux, le réveilla et lui dit qu'elle n'avait plus mal au crâne. Alors il lui répondit : "Mais moi, maintenant, j'ai mal à la queue", et il la laissa vierge comme elle était. Un bon conseil : acceptez donc une chose avantageuse quand on vous l'offre. »

11. Les personnes bénissant le baptême d'un enfant étaient appelés compère et commère (les titres de parrain et marraine coexistant). On trouve encore trace de cet usage chez Casanova.

Discours en faveur du mariage

1. Éditée par R. Fubini, *op. cit.*, vol. 2, p. 907-915, d'après un manuscrit de Piero Cennini à la Bibliothèque nationale de Florence. Sur ce texte, *cf.* B. L. Ullman, *The Origins of the humanistic script*, Rome, 1960, p. 123-126, et Walser, *op. cit.*, p. 309-310.
2. Poggio emprunte cette anecdote à Valère Maxime, *Des Faits et des paroles mémorables*, IV, 5, extrait 2.
3. Citation littérale d'un passage de la *Guerre de Jugurtha*, II, 3.
4. Poggio cite exactement Aulu-Gelle, *Nuits attiques*, I, 6.
5. Autre emprunt à la *Guerre de Jugurtha*, X, 6.
6. Évangile de saint Matthieu, XIX : « L'homme s'attachera à sa femme, et ils seront deux dans une seule chair. »
7. On trouve un semblable sacrifice de femmes spartiates dans Valère-Maxime, *op. cit.*, IV, 6.
8. Poggio fait allusion au chapitre 6 du livre IV des *Faits et paroles mémorables* intitulé « De l'amour conjugal».
9. Épître de saint Paul aux Romains, I, 21, 22 : « Parce qu'ayant connu Dieu, ils ne l'ont point glorifié comme Dieu, et ne lui ont point rendu grâces, mais ils se sont égarés dans leurs vains raisonnements, et leur cœur a été rempli de ténèbres. Ils sont devenus fous, en s'attribuant le nom de sage. »
10. *Éthique à Nicomaque*, X, 3, 11.

Appendice

1. Sur ce mariage, *cf.* Plutarque, *Vie de Cicéron*, 41, et J. Carcopino, *Les Secrets de la correspondance de Cicéron*, Paris, 1947, tome II, p. 242 et 243. Quintilien cite à ce propos un bon mot de Cicéron aux détracteurs qui lui reprochaient sa différence d'âge avec cette jeune fille : « Demain, elle sera une femme. » (« *Crimen obiectum, ut Cicero obiurgantibus quod sexagenarius Publiliam uirginem duxisset : "Cras mulier erit", inquit* ». *Institution oratoire*), VI, 3, 75).
2. On ne trouve du reste qu'une allusion à ce mariage dans toute sa correspondance : « Tu me disais que ce que j'ai fait (*quod egissem*) se passe bien et heureusement. [...] Je n'aurais jamais pris cette nouvelle décision à une époque si malheureuse si, à mon retour, je n'avais trouvé ma situation domestique aussi mauvaise que la situation politique. » Lettre à Cn. Plancius, *Ad Fam.*, IV, 14.

3. *Annales*, XV, 63-64.
4. Plutarque, *Vie de Caton*, 24.
5. Pline le Jeune, *Lettres*, IV, 19.
6. *Deipnosophistes*, XIII, 7-8.
7. *Ibid.*
8. *Ibid.*
9. *Ibid.*
10. *Ibid.*
11. « Mais escrivez ce mot en vostre cervelle, avecques un style de fer, que tout homme marié est en dangier d'estre coqu. Coqüage et naturellement des apennages de mariage. L'umbre plus naturellement ne suyt le corps que le Coquäge suyt les gens mariez, et, quald vous oirez dire de quelqu'un ces trois motz : *"Il est marié"*, si vous dictez : *"Il est doncques, ou a esté, ou sera, ou peult estre coqu"*, vous ne serez dict imperit architecte de consequences natruelles. » *Le Tiers Livre*, XXXII.
12. *Amours de Cassandre*, XVIII.
13. « Afin qu'elle se saisisse des plaisirs de l'amour dont elle a soif et qu'elle les cache profondément. » Virgile, *Géorgiques*, III, 137.
14. « Unie selon son désir par le flambeau du mariage. » Catulle, 66, 79.
15. « Je suis vieux, belle Iris... » in Corneille, *Œuvres complètes*, éd. G. Couton, vol. 3, Paris, 1987, p. 1315-1316.
16. Il s'agit de Thérèse de Gorle, la femme du comédien Du Parc, surnommé Gros René, interprète des pièces de Molière, de Corneille et de Racine, dont elle fut la maîtresse. Corneille la baptise Iris.
17. Cette fable est inspirée de l'histoire de la matrone d'Éphèse qu'on trouve dans le *Satiricon* de Pétrone.
18. *L'Avare*, V, 6.
19. *Les Caractères*, III, 3.
20. Lauzun, « personnage extraordinaire », « unique en tout genre », et l'un des plus curieux des *Mémoires*, aurait dû épouser Mademoiselle en 1670. L'annonce de cette « mésalliance » (Lauzun n'étant pas prince du sang) fit écrire à madame de Sévigné sa fameuse lettre du 15 décembre de la même année : « Je m'en vais vous mander la chose la plus étonnante, la plus surprenante, la plus merveilleuse, la plus miraculeuse, la plus triomphante, la plus étourdissante, la plus inouïe, la plus singulière, la plus extraordinaire, la plus incroyable, la plus imprévue, la plus grande, la plus petite, la plus rare, la plus commune, la plus éclatante, la plus secrète jusqu'aujourd'hui, la plus brillante, la plus digne d'en-

vie... » ; mais le roi ayant alors « rétracté son consentement », il semble que le mariage n'ait eu lieu qu'en 1682, et secrètement. Il s'agit ici de celui que le duc fit avec Geneviève-Marie de Lorge en 1695.

21. Allusion à la célèbre scène de *L'Avare* (I, 5) où Harpagon donne sa fille au vieil Anselme prêt à l'épouser sans dot.
« VALÈRE. – Vous avez raison. Voilà qui décide tout, cela s'entend. Il y a des gens qui pourraient vous dire qu'en de telles occasions l'inclination d'une fille est une chose, sans doute, où l'on doit avoir de l'égard ; et que cette grande inégalité d'âge, d'humeur et de sentiments rend un mariage sujet à des accidents très fâcheux.
HARPAGON. – Sans dot.
VALÈRE. – Ah ! il n'y a pas de réplique à cela, on le sait bien. Qui, diantre, peut aller là-contre ? Ce n'est pas qu'il n'y ait quantité de pères qui aimeraient mieux ménager la satisfaction de leurs filles que l'argent qu'ils pourraient donner ; qui ne les voudraient point sacrifier à l'intérêt, et chercheraient plus que tout autre chose à mettre dans un mariage cette douce conformité qui sans cesse y maintient l'honneur, la tranquillité et la joie, et que...
HARPAGON. – Sans dot.
VALÈRE. – Il est vrai. Cela ferme la bouche à tout, *sans dot*. Le moyen de résister à une raison comme celle-là ! »

22. Au cynisme dont sont victimes les femmes répond le leur. De même, dans *L'Avare*, Frosine veut persuader Marianne d'épouser un vieil homme dans son intérêt : « Mon Dieu ! tous ces blondins sont agréables et débitent fort bien leur fait ; mais la plupart sont gueux comme des rats, et il vaut mieux pour vous de prendre un vieux mari qui vous donne beaucoup de bien. Je vous avoue que les sens ne trouvent pas si bien leur compte du côté que je dis, et qu'il y a quelques petits dégoûts à essuyer avec un tel époux ; mais cela n'est pas pour durer, et sa mort, croyez-moi, vous mettra bientôt en état d'en prendre un plus aimable, qui réparera toutes choses. » (III, 4).

23. On peut en juger d'après d'autres passage des *Mémoires* : « La galanterie lui dura fort longtemps. Mademoiselle en fut jalouse : cela les brouilla à plusieurs reprises. J'ai ouï dire à Mme de Fontenilles, femme très aimable, de beaucoup d'esprit, très vraie, et d'une singulière vertu depuis un très grand nombre d'années, qu'étant à Eu avec Mademoiselle, M. de Lauzun y vint passer quelque temps, et ne put s'empêcher d'y courir les filles. Mademoiselle le sut, s'emporta, l'égratigna, le chassa de sa présence. La comtesse de Fiesque fit le raccommodement : Mademoiselle parut au bout d'une galerie ; il était à l'autre bout, et il en fit toute la lon-

gueur sur ses genoux jusqu'aux pieds de Mademoiselle. Ces scènes, plus ou moins fortes, recommencèrent souvent dans les suites ; il se lassa d'être battu, et à son tour battit bel et bien Mademoiselle, et cela arriva plusieurs fois, tant qu'à la fin, lassés l'un de l'autre, ils se brouillèrent une bonne fois pour toutes, et ne se revirent jamais depuis. » Voir aussi les pages où on le voit sous le lit du roi qui y est avec Mme de Montespan, et celles où, presque à l'article de la mort, il fait enrager sa nièce qu'il croit intéressée, en proclamant (feignant d'être seul) qu'il lègue sa fortune aux hôpitaux.

24. *L'Éducation des Filles* (1761).
25. H.-G. Clouzot, *Le Corbeau*, 1943.
26. *Histoire de ma vie*.
27. *Les Liaisons dangereuses*, 1re partie, lettre XXXIX.
28. Il épousa une jeune femme de vingt-trois ans sa cadette, la fille de l'helléniste Clavier, et mourut assassiné par son garde-chasse, au demeurant amant de sa femme.
29. Lettre à Mme Courier du 29 mars [1820?].
30. *Cf.* Pétrone, *Satiricon*, LXXXV.
31. Nerval, *Les Illuminés : Les Confidences de Monsieur Nicolas*, II, IV.
32. Il s'agit d'Isabelle Constant, jeune comédienne qui interprétera quelques pièces de Dumas. Elle le rencontre à quinze ans : « Elle venait d'avoir quinze ans, elle était un peu plus grande que ne le comportait son âge, mince, flexible et gracieuse comme un roseau [...]. Je n'ai jamais rien vu et n'avais jamais rien rêvé de plus léger, de plus aérien, de plus angélique que cette apparition. » (A. Dumas, « Isabelle Constant », *Nouvelle Galerie des artistes dramatiques de Paris*, 1855).
33. Lettre citée dans *Alexandre Dumas, le génie de la vie* de C. Schopp, Paris, 1997, p. 435-436.
34. Marie-Alexandre Dumas, 1831-1878, fille reconnue (tous ses enfants ne le furent pas) qu'il eut avec Belle Krelsamer.
35. Lettre à Émilie Cordier, 1er janvier 1861, C. Schopp, *op. cit.*, p. 531-532. Leur rencontre se situe en 1858 : elle a alors dix-huit ans et lui cinquante-six. Un an plus tard, ils voyagent ensemble dans le bassin méditerranéen, la jeune fille portant un uniforme qui la fait passer pour un garçon, Émile... Elle appelait Dumas « mon cher papa ».
36. Il s'agit d'Adah Menken, jeune américaine qui vient de triompher à Londres dans *Mazeppa*, et qui se fait photographier avec son amant en 1867 (il a soixante-cinq ans, elle moins de trente ans), en tenue légère et blottie dans ses bras. Le photographe met

les tirages en circulation, ce qui provoque, à Paris, un énorme scandale, alimenté par la presse comme ici, une ballade du *Tintamarre*, un journal satirique. À propos d'Adah (?), Dumas écrit à son fils : « Malgré mon âge avancé, j'ai trouvé une Marguerite pour laquelle je joue le rôle de ton Armand Duval. » C. Schopp, *op. cit.*, p. 569-570.
37. *Mémoires de deux jeunes mariées.*
38. *Splendeurs et misères des courtisanes.*
39. *Ibid.*

Table des matières

Avant-propos XIII
Introduction XVII
Un vieux doit-il se marier 1
Dédicace 3
Choix de lettres 25
Discours en faveur du mariage 57
Appendice 73
Notes 129

LA ROUE À LIVRES

PARUS

ALCIPHRON
Lettres de pêcheurs, de paysans, de parasites et d'hétaïres

APPIEN
Les guerres civiles à Rome (Livre I. Marius et Sylla)
Les guerres civiles à Rome (Livre II. César et Pompée)
Les guerres civiles à Rome (Livre III. Antoine et Octave)

BÈDE LE VÉNÉRABLE
Histoire ecclésiastique du peuple anglais (Tome I. Conquête et conversion)
Histoire ecclésiastique du peuple anglais (Tome II. Miracles et missions)

BOÈCE
La consolation de philosophie

CALLISTHÈNE (Pseudo-)
Le roman d'Alexandre
La vie et les hauts faits d'Alexandre de Macédoine

JEAN CHRYSOSTOME ET JEAN DAMASCÈNE
Figure de l'évêque idéal : éloges de Mélèce

CICÉRON
De la divination
La nature des dieux

CTÉSIAS
Histoires de l'Orient

DENYS D'HALICARNASSE
Les origines de Rome
(Les Antiquités romaines. Livres I et II)

DIODORE DE SICILE
Naissance des dieux et des hommes (Bibliothèque historique. Livres I et II)
Mythologie des Grecs (Bibliothèque historique. Livre IV)

DION CASSIUS
Histoire romaine (Livres 40-41. César et Pompée)
Histoire romaine (Livres 57-59. Tibère et Caligula)

ÉLIEN
Histoire variée
La Personnalité des animaux (Tome I. Livres I à IX)
La Personnalité des animaux (Tome II. Livres X à XVII et index)

EUMATHIOS
Les amours homonymes

GALIEN
L'âme et ses passions

GEOFFROY DE MONMOUTH
Histoire des rois de Bretagne

GERVAIS DE TILBURY
Le livre des Merveilles. Divertissement pour un Empereur (3ᵉ partie)

HÉRODIEN
Histoire des empereurs romains de Marc Aurèle à Gordien III
(180 ap. J.-C. - 238 ap. J.-C.)

JAMBLIQUE
Vie de Pythagore

JORDANÈS
Histoire des Goths

LE POGGE
Un vieux doit-il se marier ?

LES JUIFS PRÉSENTÉS AUX CHRÉTIENS
Textes de Léon de Modène et de Richard Simon

LETTRES POUR TOUTES CIRCONSTANCES
Les traités épistolaires du Pseudo-Libanios et du Pseudo-Démétrios de Phalère

MACROBE
Les Saturnales (Livres I-III)

JEAN DE MANDEVILLE
Voyage autour de la Terre

LE NOUVEAU MONDE
Récits de Amerigo Vespucci, Christophe Colomb, Pierre Martyr d'Anghiera

OVIDE
Les fastes

PHILOSTRATE
La galerie de tableaux

PROCOPE DE CÉSARÉE
Histoire secrète
Guerre contre les Vandales (Guerres de Justinien, Livres III et IV)

LE ROMAN D'YSENGRIN

LORENZO VALLA
La donation de Constantin

Documents

Chroniques mésopotamiennes

Les cités de l'Occident romain

Éloges grecs de Rome

Inscriptions historiques grecques

Récits inédits sur la guerre de Troie

JEAN GOBI
Dialogue avec un fantôme

LIBANIOS
Lettres aux hommes de son temps

*Ce volume,
le trente-quatrième
de la collection « La Roue à Livres »
publié aux Éditions Les Belles Lettres,
a été achevé d'imprimer
en septembre 2004
sur presse rotative numérique
de Jouve
11, bd de Sébastopol, 75001 Paris*

N° d'édition : 6134 – N° d'impression : 358873B.
Dépôt légal : octobre 2004.

Imprimé en France